プラトンの顔

プラトン

● 人と思想

中野幸次著

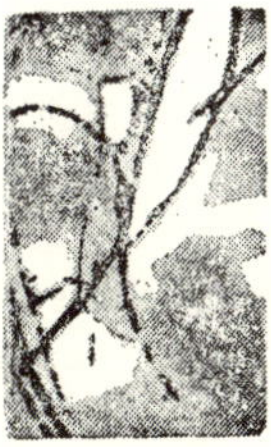

5

Century Books 清水書院

プラトンについて

現実はきびしい。そう人はいう。そのきびしさは、なにをさしているのであろう。そう思う心だけがあるのではない。なにかがそう思わせているはずである。もし、生きることそのことがきびしいのであるならば、生はそれ自体が、現実のなかに含まれていることになる。働けども楽にならない、人と人との関係は虚偽に満ちている、善意の人びとは雑草のようにふみたおされていく。しかも、戦争の恐怖は去らない。それらがきびしいと思わせたものであるならば、そう思う人はその反対のことを知っていることになる。そして、その反対の状態になりたい、と希求したことであり、同時にそうさせられた現実をつくっているところの一人であると、自分を自覚する一歩手前まで歩いた人であろう。

プラトンは現実を避けて通ろうとはしなかった。むしろ、より善《よ》い現実をうみだそうとした。しかし、かれの理想国は、あまりにも理想的でありすぎたではないか。かれの哲学として名高いイデア論も、観念論の典型ではないか。そう思うことはやさしい。今もいったように、きびしいと思った現実を、自分もつくり、したがってそのなかに自分も含まれているのであれば、その矛盾がそう思った人の内面と現実から、まずのぞき去られるように努力されないかぎり、いつも人は与えられた現実にあまんずることになろう。さらに、思うこと、考えることの多くが現実の投影であるとしても、見られた現実よりも知られたそれを現実としないかぎり、人は多くの幻影にまどわされることになろう。プラトン(Platon)はそのことをすでに教えていた。

プラトンは、これまでのすべての哲学者のうちで、もっともオリジナルで、もっとも影響力がある、といわれている。かれは哲学を、本格的な著作の形で世に問うた、最初の純粋なアテナイ人である。ソクラテスをのぞく、それまでの哲学者たちは、アテナイ以外の人たちであった。タレスもピタゴラスも、プラトンの弟子《でし》アリストテレスも、そうである。しかもかれは、名門貴族の出身のゆえに、偉大になったのではない。かれの八〇年にわたる生涯は、アカデメイアの創立による講義、教育、著作、理想国実現への努力など、そのすべてが燦然《さんぜん》としている。天才的思索力と創造力とを働かせて、未踏の世界を開拓した。哲学、思想の分野はいうまでもなく、学問の世界に金字塔を樹立した。

そのプラトンをうみだす動機はソクラテスにある。初めは政治家になろうとしたプラトンを、哲学に回心させたのは、ソクラテスその人の刑死である。ソクラテスとその時代がプラトンにたいして、現実と行動と精神とを底辺とする、立体三角形の可能性への確信をあたえた。またそうしなければならない決心をさせた。いくら求めても、完全にはつかめないが、かならずあるにちがいない「善のイデア」の発見は、ソクラテスとその悲惨な時代の核であり、血肉化にほかならない。またその時代の人びとの彼岸《ひがん》である。イデアはそれと対照的なアトムとならんで、いかなるエネルギーでも破壊できない。それは不滅である。それを殺すことはだれにもできないが、求めつづけなければならない。そういう皮肉な運命をひらき、救いようのない時代と人びとに光をあたえた。

　プラトンは幼少のころから青年時代にかけて、掠奪《りゃくだつ》と殺人をほしいままにする、ペロポネソス戦争の渦中に生きた。人間性は潰滅《かいめつ》し、人は動物に還元してなおやまなかった。二七年のながい間、ギリシア全土を焦土化するほどに、荒れに荒れた。その中でかれは醒《めざ》めていった。知性と芸術的感覚を鋭敏にしていた。その体験がかれに理想国を構想させ、それを著述させ、実現を図らせた。しかしついに果たせなかった。それでも、それを完全な無意に終わらせない用意周到さを怠らず、「善のイデア」という不滅のシャトウ（城）を創造することを忘れていない。それはどこにもない。しかし幻影ではない。いついかなるときでも、それにあずかるものは、精神の救済を直観できる。

　純粋絶美なものにめぐりあう、あの純粋経験の直観は、人にその体験を求めることを忘れさせない。死ぬさだめにあることのよくわかっているわれわれは、死を経験することがないために、それを求めなかったり求めたりする。知ることと美に出会った経験は、花をつむときに萎《しお》れた花を思わない、あの瞬時《しゅんじ》の感銘に似ている。それは美をたえず手もとに置こうとする愛に発展する。プラトンはその原理の創造者となった。夕陽は落日の光景を描きながら、なお消滅しないように、太陽は永遠の意識の因《いん》となりながら、美を残して去ることはない。現実を永遠とかかわらせる方法の発見は、永遠があることの具体的な証明のあるなしに関係がない。永遠の存在証明ができなくとも、いっこうにさしつかえない。それによって現実の姿は、いかんなくあばかれるからである。方法があばくのである。

　ギリシア哲学はミレトスのタレスに発し、二つの流れとなり、ソクラテス・プラトンを貫流するうちに完全化したという。しかし、完全なものはこの世にはない。それは精確ということとは別である。アトムの概念の創造は、魂の不滅観への契機となり、二種の不滅性となった。その一つが「善のイデア」である。それへの通路として弁証法という道がひらかれた。それによって、学の世界は有力な方法をえた。見ることも、触れることも、ロゴス化することもできないが、関与することだけをゆるすものへの探究というプロセスがある。それがあるかぎり、その対象がある。それは完全に知ることはできないが、弁証法によってつき進もうとするならば、そのかぎり存在するものである。まさに形而上学以上の次元である。それは高度な快楽の世界である。すべての人に、愛知への姿勢をくずさないなら、その喜びがあることを教えている。そういう哲学の独自性を、プラトンは示したのである。

プラトンの生涯と思想を、この小冊子にくまなくおさめることは無理である。かれの思想については、『ポリテイア』（理想国）の解説以外は、発展のあとを追うにとどめた。かれのいく冊かの書物をえらび、その解明ですまそうと、いくどか考えてみた。しかし、かれの思想の真実を限定し、断片化してしまうことを恐れてできなかった。プラトンには完全に理想があった。それはそれへの志向性と、その努力があるかぎり、現実化するという可能性を信ずることを意味する。そういうプラトンのイデアリスムスの精神にしたがって、かれをできるだけ追跡してみたのが、本書である。

一九六七年　初　春

中　野　幸　次

目次

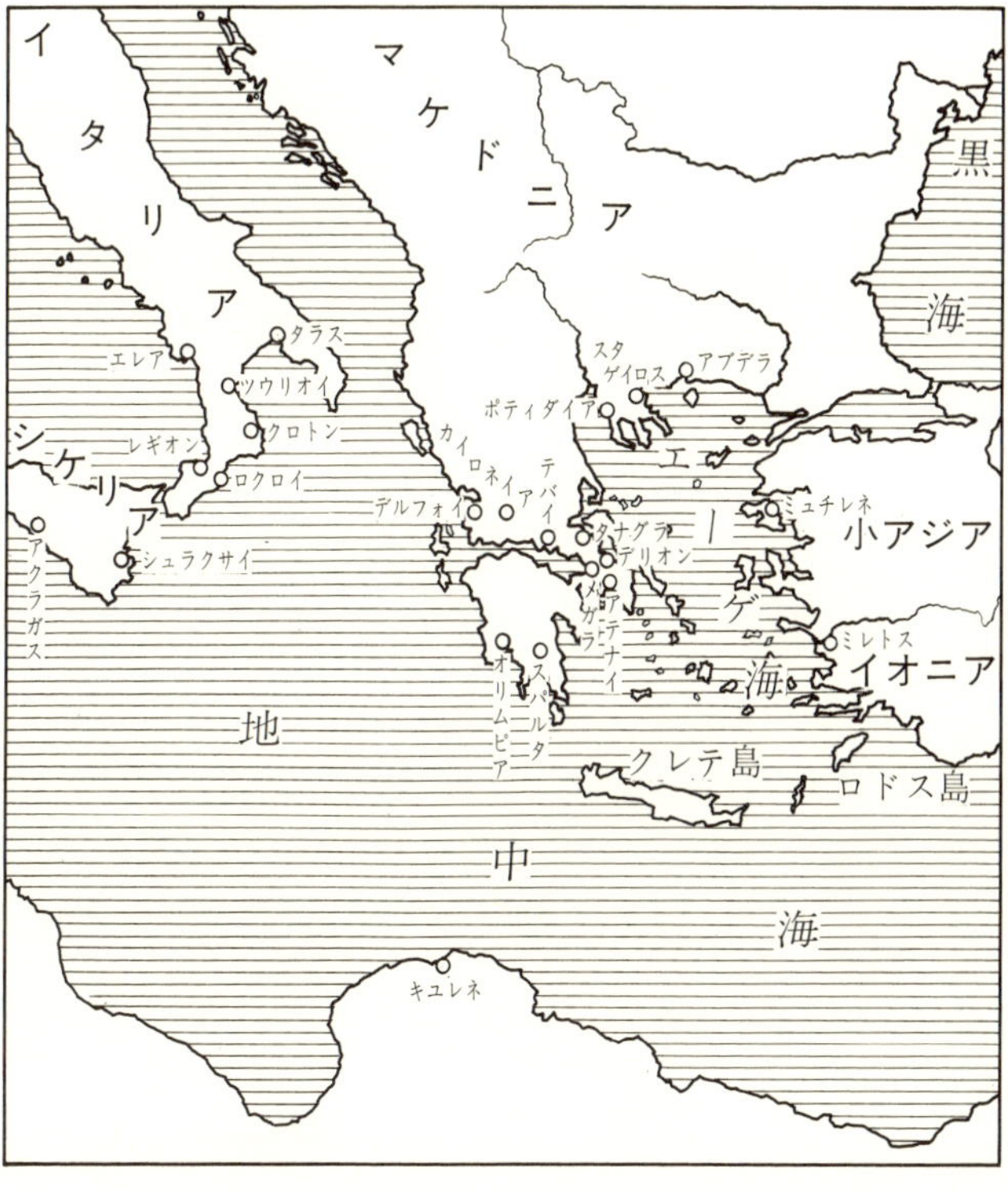

紀元前5～4世紀のギリシア本土とその周辺

I　プラトンの生涯

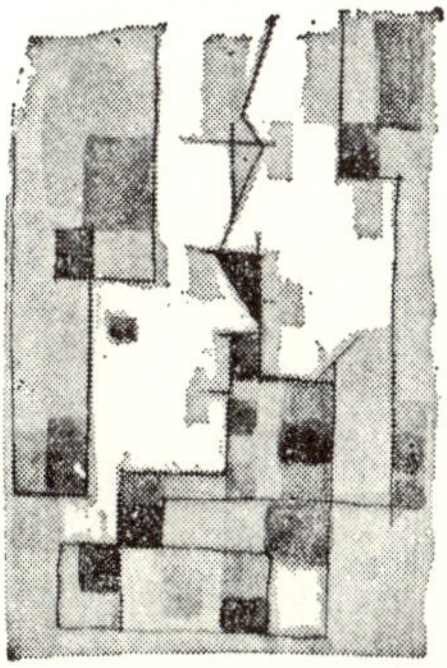

ソクラテスとの邂逅《かいこう》

めぐりあい

もしプラトンがソクラテスにめぐりあわなかったならば、おそらくかれの生涯は別なものになっていたであろう。それほどこの二人のめぐりあいは劇的なものであった。しかし、それは、たんにドラマチックというものではない。たんなるドラマであったならば、プラトンは哲学史上最大の哲学者となるほどの邂逅をソクラテスとしたかいなかはあやしいからである。

ソクラテス

ソクラテスは、人も知る巨人である。不世出の哲人である。しかもかれは、人類の意志を代表している。多くの人は、できることなら勇敢でありたい。正義の人でもありたい。だれよりもすぐれた精神のもちぬしでありたい。多くの徳と知識を身につけ、それらを自由自在に活用できたら、と願っている。どのような人も幸福をさがし求めているからである。ソクラテスは、これらの多くの人の願望を一人で実現したような人であった。いうなれば、人間の潜在意志を代弁している。いや、それを代行したのである。ただかれは貧乏なため、豊かな合理的な生活はできなかった。しかし、好きこのんでそうなったのではない。知を愛し求めることに精いっぱいであった。その点では、豊かな生活を求める現代人とはちがうのであろう。しかしかれは、すこしも貧しさをいとわなかった。むしろ知的な快楽を求めていたゆえに貧しかったのである。いついかなるときでも、知を愛し求めるという信念をすてなかった。ほんとうの喜びを知っていたのである。感覚的・肉体的な快楽の「はかなさ」を痛感していた。求めても求めても、汲《く》めどもつきない泉である、知恵を愛し好むことの喜びを、一生涯《がい》どんなことがあっても、すてることはなかった。そしてその知恵を活用する「使用の知」を身につけていた。そのためにかれは、紀元前三九九年、アテナイの牢獄の露《つゆ》と消えた。生命がうばわれようとも、信念や思想をすてなかったからである。「死命の思想」[1]をうちたて、ひたすらそれに生きたからでもある。人類の意志は、すでに二千数百年の昔、アテナイに開花していた。そのソクラテスにプラトンはめぐりあったのである。それは「邂逅」ということば以外のなにものもそぐわないであろう。そのときプラトンは二〇歳であったといわれているが、あるいは、それより若かったかも知れない。たぐいまれな芸術的天分と、創造的精神にあふれていた若き日のプラトンと、人類を代表する哲人との出会いは、いくらことばをかさねても、描きつくせないものをもっている。

若い魂はプラトンにおいてはなおさら鋭敏である。柔軟である。かれはソクラテスの全人格を直観したであろう。すでに有名なソクラテスは六〇歳をこえ、プラトンは二〇歳前後の青年である。二人のあいだにか

1）拙著　人と思想『ソクラテス』（清水書院）の思想のところを参照。

わされた精神の火花は、その後の哲学史を二分するほどのプラトニズム成立の瞬間ともいえるであろう。ソクラテスはプラトンの将来を読みとったかも知れない。こうして、師弟のむすびつきは、その例をみないほどの典型にまで昇華していくのである。それから八年間、プラトンはソクラテスの弟子であった。かれはソクラテスの晩年を直接見聞した。プラトンは、もっとも充実した地上最高の先生から、じかに教えをうけたのである。その意味でかれはたいへんな幸福に恵まれたわけである。プラトンみずからソクラテスの時代に生まれたことを、一つの恩恵に数えていたと伝えられる。いやこのことは、ソクラテスにもいえるはずである。われわれが真のソクラテスに触れることのできるのは、このプラトンの書き残した対話篇によってだからである。もちろんソクラテスは、自分についてのこれほど真実をうがった記録を、弟子の一人があえてするとは想像もしなかったであろう。

ほんとうの誕生

人が出生しただけでは、まだ誕生したとはいえない。みずからを自覚し、人生の意味を苦悩のなかから学びとり、いかに生きるかを決意したとき、人は真に誕生するのである、というようなことをいったのは、たしかパスカルであった。プラトンは初め政治に志し、政治家になろうとしていた。そのかれを哲学に転向させたのは、まさにあのソクラテスの刑死であった。プラトンがプラトンでしかありえない成長をする決定的動機をえるのは、ソクラテスによってなのである。その意味で偉大なソクラテスの死は、哲学への警鐘と黎明《れいめい》を同時に告げた瞬間、ともいうべきであろう。

ソクラテスにおいて、ギリシアの哲学は、「新しい哲学」になろうとしていた。それまでの「自然哲学」は、「人間学」になろうとしていた。しかし、その人間学の生きた実践者であるソクラテスは、否定されてしまった。それこそ哲学の危機である。いや、人間の危機である。アテナイ人の危機である。ソクラテスは哲学への危険信号をなげかけつつ死んだことになる。それをプラトンほどの人が見のがすはずはない。かれは全生命をかけてソクラテスの遺産をひろわねばならない。もし、ソクラテスのなんであるかをみきわめておかなければ、その損失は計り知れない。永久に消失してしまうかもわからない。青年プラトンは、それを芸術的に直観したであろう。政治に志し、たとえ政治家になれたとしても、それ以上の仕事が哲学によってならできる。哲学でなければできないことがある。それこそソクラテスの意志をひきつぐことである。それは師ソクラテスの命令ではない。師の遺言でもない。だが、プラトンにしてみれば、それが恩師の強制であり、遺言であったとしても、光栄以外のなにものでもなかったであろう。かれは喜んでソクラテスの命令と遺言を実現しようとしたであろう。哲学は形式ではない。現象にばかりこだわることではない。そのイデー（理念）が問題である。そのよってきたる根拠こそ重大である。したがって、プラトンには、かれの芸術的直観を満たしたものを、ロゴス（言語）化することが問題なのである。ソクラテスのいおうとしたことはなんであるか。ソクラテスが生命と交換したものはなんであるか。ソクラテスはなにを実現しようとしたのであるか。青年プラトンの心中では、ソクラテスは殺されたのであるか、それとも自殺したのであるか、との葛藤《かっとう》があったであろう。計り知れない矛盾の渦《うず》が、かれをとりまいていたに相違ない。そこで、まずプラトンは、自分にできることはなんであるかを吟味《ぎんみ》したであろう。ソクラテスが死んだとき、プラトンは恩師のそばにいなかった。そのように、自分の書いた対話篇『パイドン』のなかでのべている。それは病気が理由であったとされている。しかし、よくよく考えてみると、なにをさしおいても、恩師の最期を見とどけようとするのが弟子のとるべき態度である。それをしなかったプラトンは、よほどの重病人でなければならない。しかし、そんなことは、だれ一人として伝えていない。とすれば、プラトンは、あらゆる努力をしても、ついに師の生命をひきとめえない現実にぶつかり、それまでの師とのつながり、あるいはなぜあれほどの哲人が殺されねばならないのか、などを総反省し、これからどうしたらよいかと考えこんでしまったのかも知れない。こういう内面のできごとは、なかなか自分の著作にはおりこめないものである。ましてプラトンは、かれの手紙をのぞく全作品のなかで、自分の名前を三回しか使わないほどの人なのである。プラトンとソクラテスとの邂逅と訣別《けつべつ》は、ひとことでいいつくせないものをもっていたといわねばならない。それは哲人と哲学者との邂逅であり、その別れは、この二人の運命を暗示する岐路《きろ》ともいえる。ソクラテスはプラトンによってその人と思想と哲学が記録して残され、プラトンはソクラテスによって全運命がにぎられたからである。ソクラテスによってプラトンは、ほんとうのかれに生まれ変わるのである。しかし、プラトンには、自分が偉くなること、有名になること、自分だけが成長することなどは、第二のことであった。野心と虚栄にとりつかれていれば、ソクラテスとの出会いを無にすることになる。哲学に回心したかれには、まずすぐにとりかからねばならない仕事があった。それは、なんといっても、ソクラテスとのつながりにおいて、おこりつつあるかれの内面的変化についてであった。しかもそれは、ソクラテスとのつながりにおいてしかないものである。ソクラテスは死んだ。しかし、プラトンのなかでは、猛烈な勢いで蘇《よみがえ》りつつあるものがあった。かれはそれをなんとかしなければならない。

当面の課題

ソクラテスはことばを真の意味で使うことのできる、言語の名人であった。名人とはたんなるその道の技術家ではない。ソクラテスもことばのテクニシャンではない。ことばは生きている。その生命を生かすことができるためには、精神ができていなければならない。ソクラテスは、それに不足しているような人ではない。かれにおいてことばは真実の媒体となる。ギリシア語のロゴスはことばと理性の意味でもある。ソクラテスは理性をロゴスに正確に転換できる。そこにはおのずから学問の方法も自覚されつつあったのである。哲学の方法もうちだされつつあった。

ホメロス

そのなかでまずプラトンを注目させたのは表現の変革であったろう。ソクラテス以前には散文はなかった。ホメロスの偉大な文学『イリアス』にしても、叙事詩としてひろく知られている。ソクラテス以前の哲学も、讃歌であり、断片にすぎない。対話をそのまま文章にする表現の形式は、プラトン以来のものである。それは、ある点ではプラトンの独創ではあるが、それはすでに、ソクラテスに生きたモデルがあり、ただギリシア語に定着されなかっただけなのである。プラトンはソクラテスとのつながりにおいてしかないかれの内面を、ギリシア語で表現することにおいて、確認することができることに気づいたのではないか。

ソクラテスのいったことを、そのままギリシア語に移し変えれば、それだけでソクラテスの一面は真実化できる。もちろん、そのことは容易ではない。ありし日のそのままのソクラテスを後世に伝えたい。そのやむにやまれないプラトンの心情は、表現の変化を結果としてうむにいたった。ソクラテスは教えないで教える。つまり「問」と「答」の方法で相手を自覚させる、それまでにはなかった技術を創造した。プラトンはそのソクラテスを再現しようとする。プラトンの当面の課題は、こうして熟していった。誠実にソクラテスを描きつくすことである。そのころプラトンは、ソクラテスの刑死後二、三年、三十歳のころとされている。できるかぎり自己を無にし、へりくだってソクラテスそのものを生きようとする。それには、なに一つ書かなかった恩師を、まず文字のなかでいきるしかない。そういう点ではどんなにかプラトンの芸術的・詩的な天分が、あずかって力になったことか。それだけではない。かれはアテナイの貴族の出身であった。名門の血統は、ギリシア語をあつかうにも流麗《りゅうれい》である。おもしろおかしくして読者にこびへつらうことをしない。アイロニーという高度な話術となっていきている。かれの洞察力の俊敏さは、その対話篇に登場するソクラテスを見れば明らかである。このようにして、没落の一途をたどりつつあったアテナイは、ソクラテス・プラトンの知的開花によって汚名をばんかいする。アテナイの夜明けは、暮れることなき地平線を求めるかのように、プラトンを通して輝きはじめるのである。

プラトンを通して、ソクラテスの遺産は、知的な花をひらこうとする。それは、プラトンによって初めてできる仕事であった。クセノフォンのメモラビリア（『ソクラテスの思い出』）と、プラトンの著作をくらべてみれば明らかである。プラトンはソクラテスがアテナイの牢獄からどうしたら逃げられるかという計画者の一人であった。罰金の刑を申し出るソクラテスの心境を冷静にみつめていた。あるいはその金の準備に手をかしたかも知れない。しかし、ソクラテスのいうこと、行なうこと、考えること、なにもかもやることのすべてが、常人の域にとどまっていない。ソクラテスの晩年は、いや一生は、プラトンには驚異と敬服に満ちていた。かれはそれらの一つ一つを克明《こくめい》に自分の心に照らしながら、ふりかえり、事実をほりおこし、ソクラテスの正確な像をかたちづくっていこうとする。彫刻家にモデルがあるように、プラトンにもソクラテスという完全な原型があった。しかし、その原型は言語のなかにデフォルメ（変形）されねばならない。このばあいの意識的変形には、嘘《うそ》も作為も許されない。虚構の彷徨《ほうこう》は、かれの心と現実のなかに、どれほどあったにしても、できた作品のなかにそれがあってはならない。プラトンはそれでもなおかつ師の真実を描くことにおいて、哲学をしようとする自分をささえることができたのであろう。

心のなかのソクラテス

身にあまる願いと、それを満たすためにはなんでもしようとする、すさんだ人びとの多くなるばかりのアテナイにおいて、ソクラテスはどんなことにも驚かない。しかも清流

品のいいギリシア人

をたたえた人であった。よごれも、善も悪も、それこそなにもかも知りつくしているが、知らないのだと、いつも自分にいいきかせることによって、かぎりなく前向きの姿勢をとりながら、あえて風雪にさらす人であった。プラトンの心には、このありし日の超人が、いくたびとなく去来して、くりかえし角度をかえて描かなければ、焦点がさだまらない。それほど、プラトンにとってのソクラテスは、自己形成と「新哲学」をうちたてるための母胎でもあったのである。

おそらくプラトンは小さなときから、両親や兄弟からソクラテスのことを聞いて成長したにちがいない。ソクラテスを苦境に追いこんだ人びとのなかに、かれの母の兄弟がいたからである。だから、最初、政治に心をかたむけていたプラトンの心中には、なみの人の野心があったかも知れない。それがすこしずつ変わっていって、ついに政治をあきらめるにいたるのは、ソクラテスの発する感動をまじえた強烈な光線である。まともに見てはいられない光である。その光道をたどっていくと、光源に達する。そしてソクラテスをして、あのようにあらしめた、かつてない人間のせきららな姿にぶつかる。その姿は、野性のものではなく、ソクラテスがたえず知を愛し求めるプロセスをへて形成しえた試練にたつ人間である。

それは多くの人にもあるが、自覚されていないために、ほとんど眠ったままである。エトヴァス（なにかあるもの）の表現なのである。そのエトヴァスをプラトンは、心の糸をたぐりながら、はっきりさせねばならない。それはソクラテスを言語のなかにもう一度登場させて、ありし日そのままの対話をさせることによってできるかも知れない。つまるところは、プラトンが記憶をたどりながら文字のなかに表現することなのであるが、かれがたんに師を描くのではなくて、ソクラテスをして語らしめるようにすればよい。心のなかでいくらくりかえしくりかえし師の姿を追い求めても、具体化する手がかりはえられない。それでかれは、かき消そうとしても消しきれず、しかも、たえずかれの胸中をおそうものがなにであり、それはどうしたらつかめるのかを、はっきりさせる方法として、「対話篇」をつくろうと決意したのかも知れない。しかし、心のなかのソクラテスは、現実のソクラテスがそうであったように、描けども描けども描きつくせない深さと真実の世界へと、プラトンをつれていくばかりであった。かならずそうならねばならない方向へと進んでいる。しかし、そこには終わりということがない。プラトンは本格的な哲学者の道を歩みはじめたのである。

ソクラテスほどの哲人を文字のなかに確実に再現し記録するということは、それを行なう人が偉大であればあるほど、その成果は二倍になる。ソクラテスぷらすプラトンとなっていくのである。その内容も重層的となり、しかも厚味を加える。そればかりではない。ソクラテスの発見したもののなかには、さがし求めてもえられないものがあり、それは求めるという姿勢においてしかえられないもので、しかもそれはつかみとらえた、という実感と保証がない。それを求める有力な手がかりは、数学であるが、数学のように正確な答がえられない。つまり、求めるというそのことが、求めるものであるような、そういう一面をもっている。なにかありそうだ、いやなければならない、と思いながらたぐりよせていくのであるが、ついにたぐりきれず、そのたぐっていることそのことが、それ以外のどんなことによってもえられない、それこそいうにいわれない快感をあたえる。たんなるヘドネー（快楽）ではない、哲学だけがもっており、その毒素みたいなものに一度でもふれれば、二度とふたたびやめることのできないアヘンのようなものが、哲学にはある。ソクラテスは、この無上の快楽を知っていた。プラトンはソクラテスを追求、描写する道程で、それを体験し、それに名前を与え、しかもそれが人をして求めずにはいられないものであることからして、イデア（理想）的なるものと、まず考えねばならなくなった。求めてもえられないものであることがわかっておりながら、しかも求めずにはいられないとすれば、それは永遠的であり理想というようなものでなければならない。理想とはことばのすじ道にそっていえば、とうていえられないもの、現実とはなりえないものである。しかも、理想でありつづけられるのは、なんらかの意味でそれに一歩一歩近づけるのでなければならず、そうであるかぎりそれへの通路があるはずである。つまり理想には、個々のものと、全体的なも

ミロのビーナス

の、普遍的なものとがあって、それらのうちの個々のものはえられるが、それを一つ一つ征服していって、それらを合わせれば理想そのもの、全体的理想になるかといえば、そうではない。その征服のプロセスが喜びであり、しかもそれによって、それをした人間が常人の域を脱し、高度な人間へと成長する。イデアは、どうしても求める側と、求められる対象の側に分かれ、人間は求める側にたち、それを専門の仕事とする人を哲人とか哲学者という。プラトンはソクラテスとのつながりをつづけるためには、どうしても哲学者とならなければならない。

哲学者

イデアは求めるものである。それは求めてえられるものではない。ここにイデアと現実との分裂と結合の極がある。プラトンはそれを求め語るだけではない。それを求める方法をさがし、それを文字のなかに書きしるす。ソクラテスは現実的に実践を通してそれを行なった。プラトンの実践は、さしあたりソクラテスを介して行なわれる。ということは、イデアを求める方法をうちだすことによって、それのあることを明らかにし、それを記述することなのである。かれは哲人というよりも哲学者となる。プラトンが哲学者になることにおいてしか、ソクラテスを書き残すことができない。これがプラトンの使命であり、それこそソクラテスとめぐりあったことの、動かすことのできない証拠なのである。

プラトンはソクラテスの刑死をみごとにいかすことに成功する。それは、かれ以前の哲学者たちには、かつてなかった問題に直面したことを意味する。ソクラテスの死は、イデアとの同化とも考えられる。イデアはわかりやすくいえば、人間の理想の表現であり、したがって、そのものになりきることはできない。どうしてもイデア界と現実界との分離があって、その溝《みぞ》をうめることができず、ただ求めるという、それも求めつづけるという作業において、ふとあるとき、その溝がうめられたかの直観がえられるだけなのである。しかし、ソクラテスは死ぬことによって、その溝をうめた。自然の死ではできない。自殺でも、それができるという保証はない。つまり、ふつうの、ありきたりの手段では、とてもできないことを、ソクラテスは平然とやってのけている。計画し、なんとかすればできる、というそういうものではない。それがなぜソクラテスにおいてならできたのか。それはソクラテスという人間を、いくら詮索《せんさく》しても、でてこない哲学上の問題を含んでいる。プラトンはそれに気づいた。ソクラテスにおいてしかできなかったものはなにか。「なにか」という問いからは、どうしてもでてこない、「いかにあるか」という問いに含まれているものなのである。ソクラテスはそれを「死」という行動によって語った。ということは、「死の体験」に属し、「生者」には知れないものである。しかもソクラテスは、強制された与えられた死を行なっている。プラトンはそれを『パイドン』のなかで展開する。かれは「神話」を使う。神話はミュトスである。ミュトスは仮空の話でもある。

ソクラテスが死刑になったことは事実である。なぜか。その死にかたはどんなふうであったか。このことは『パイドン』にくわしくのべられている。しかし、死の意味はわかっても、「死そのもの」はわからない。エピクロスがいったように、死んだときにはすでにその感覚はないからである。すなわち、死は死者にも知覚できないから、生きている者にはなおさらわからない。生きているから死が問題になり、死んでしまえばそれに悩むこともない。ところがソクラテスには、死がわかるだけではなく、死後の世界、ハデス（あの世）があり、それをかれはくわしく知っている。プラトンはそこで神話とか寓話《ぐうわ》を例にだしてくる。それは苦心の作ではなく、ギリシア人の生活感情のなかに深く根をおろしている。だから、とくべつふしぎではない。それにしても、プラトンはソクラテスによって、「永遠」を教えられ、そのことから「消滅」を知り、「不滅」と「現象」の二つの世界をロゴス化せざるをえなくなった。哲学者は死を解明せねばならず、それにからんでかならず移りゆく変化のなかにあるものと、つねに一定で変化しないものとにぶつかっていかねばならない。そして、プラトンは、つねに一定で不変な、いつもあるものとしてのイデアをさがし求めつづける哲学者となるのである。かれもまた「旅人」となる。それは、ことばのほんとうの意味での、「真理の旅人」となる決意をする。ソクラテスとめぐりあわなかったならば、こうはならなかったともいえるであろう。

ソクラテスには断念するということがなかった。なにを思いきり、なにをあきらめるべきかを知っていた。どうでもよいこととそうでないこととの区別ができる。金をもうけることや他人によく思われようと、あくせくして、精神をできるだけ秀《ひい》でたものにすることをなまけていれば、それだけ心からうれしく、生きている喜びから見放されてしまう。ということは、自分のすべての知的な力、肉体的な力のすべてを傾けて行なうべき仕事をもっていることなのである。いやいやながら食うためにしかたなく働くというのではなく、みずから進んで、しかも惜しみなくエネルギーをそそぎこめるような仕事がある。プラトンはソクラテスのなかに、神聖な仕事へのあくことのない、奉仕の精神ともいうべきものを、肌《はだ》にしみこませるように学びとったのである。その精神が持続するには、明けても暮れても人と人とが殺しあう戦争というむごい現実のなかから、もっともたいせつでやりがいのある、しかも尊い仕事を自分にかさねばならない。かれの『理想国』の実現は、そういう人間が人間的に生きるには、なにをどのように実現していったらよいのか、という根本的な課題をふまえながら、地上に自由で平和な国家をつくりあげる、そういう彼岸を目ざしたものである。理想の国家は、その構造と原理を哲学に求めねばならない。もしそういう国ができれば、第二のソクラテスを見ないですむだろう。ソクラテスを忠実に記述する努力において、ソクラテスは語らなかったが、希求したであろう善と美をかねそなえた国家への構想が、プラトンのなかに芽ばえはじめる。この構図はソクラテスにはなかったものである。その発端《ほったん》はソクラテスにあるが、かれには国家観というものが、明白にあったかいなか、その具体的な手がかりは、プラトンのポリテイア『理想国』があるにしても、それがソクラテスのものだとの決め手がない。このことには、ソクラテスとプラトンとの邂逅と訣別の問題がからんでいる。どこまでがソクラテスの思想で、どこからがプラトンの哲学なのか、かならずしも明らかではない。むしろ疑問のほうが多いのである。ソクラテスはなにも書き残さなかったし、われわれが語る多くのソクラテス像は、そのほとんどがプラトンによっているからである。そのプラトンは、いかなる時代に生き、いかなる生涯をたどり、いかなる哲学と思想を樹立したのか。

プラトンの生まれた時代

——戦争と頽《たい》廃《はい》——

激流

人間は時代の子であり、その時代はそこに生きる人びとをのぞいては語れない。時代と人とは、つかず離れず、いやおうなく、時の推移のなかにおかれている。そのうつりゆきとは、時の代わりを意味するが、それはたんなる変化ではない。かならず人間のいろいろなできごとがからんでいる。できごとは偶然に起こるのではない。発端があり、それを原因というならば、結果をただ一つのよりどころとして判断することはできないであろう。事件は起きてみなければ、わからないというものではない。プラトンは、当時としては、最大の事件の渦中に生まれた。紀元前五世紀、四二七年といえば、ペロポネソス戦争のただなかである。アテナイは激流にあえぐ小舟のように、ゆれにゆれていた。紀元前四三一年、この戦いが始まり、すでに四、五年を経過してなお解決のきざしは全くなく、むしろ激しくなるばかりであった。プラトンはこの激流のなかに生まれ、激流と共に成長する。ペロポネソス戦争は、約二七年間つづき、紀元前四〇四年、プラトン二三歳のころまで、やむことがなかったからである。かれにとって、ソクラテスとのめぐりあいと、この戦争との遭遇《そうぐう》は、前半生とくに少年期から青年期にかけての、二つの大きな試練であったにちがいない。

生まれてまもない幼子に、戦争の真相はわかるはずがない。しかし、六、七歳ともなれば、両親や兄妹のことばや動きをとおして、なにかを感じとるはずである。天才のシンボルは古い記憶の想起にある、とよくいわれるが、プラトンのデリケートな精神は、無数のできごとのなかから、将来の試金石となるものを、一つ一つひろいあげたのであろう。それらのくわしいことは、なに一つわれわれに伝えられていないが、たとえば、大戦の爪《つめ》あととでもいうべき、原因不明の疫病がアテナイにひろがったときのことを、かれは聞かされ、耳をそばだてたであろう。プラトンといえども、手あたりしだいに、物を口にするところがあったからである。育てる者はにがい経験をくりかえすまいと、いつも気をくばるものである。さらにまた、アテナイの同盟国であるミュティレネ[1]の使節が、紀元前四二八年、オリムピア祭[2]の後でもうけられた会議の席で、ラケダイモン（スパルタ）人に行なった発言を、プラトンは聞かされたであろう。その発言のなかには、幼いかれの血となり肉となって、未来のプラトンを準備するような、そういう思想の核となるものがあるからである。たとえば、正義と誠意についての、ミュティレネ人の考えは、注目すべきものがある。それらは友情と政策にからんでいる。戦いに明け暮れる状況にあっては、当然のことであったろう。個人においても、国家においても、誠意を認めあい、いろいろなことに通じあう態度をもつことが前提だというのである。この態度があってこそ、友情も政策も着実な成果をうることができる。しかし、友情も、自由も、すこしの信頼

1）この国はレスボス島の少数貴族政治のポリスである。アテナイと同盟をむすんだのは、ギリシア諸国の自由独立のためであった。しかし、このころラケダイモンがギリシア解放をうたっていたので、それに共感を示していた。

2）第一回のオリムピア祭が行なわれたのは、紀元前七七六年である。

にもたえうるものではなかった。ミュティレネは、アテナイと同盟をむすんでいたけれども、本心を偽って友となっていたという。ミュティレネは、ペルシアの脅威《きょうい》の前に、アテナイと手をむすんだが、こんどはアテナイの脅威にさらされ、むしろスパルタに接近しようとしているのであった。だからミュティレネ使節の発言には熱意がこめられていたのである。

ミュティレネとアテナイとをむすぶ精神は、もはや失われていた。戦いが始まるときげんをとりあい、平和になると逆になった。友情と好意によって信頼を固めあうのが、世のならいである。しかし、両国はお互い恐怖の心でちぎりを固め、その友誼《ゆうぎ》は脅威にしばられている。ついにミュティレネは、自衛の策に万全を期すために、かれらの権利を行使する。そうして、これがラケダイモンの受け入れるところとなり、アテナイは有力な味方を失ったのである。こうして、プラトンが生まれたころのギリシアは、アテナイとスパルタを中心とする二大勢力に分かれ、戦いにつぐ戦いの激流のなかにあった。

陥没

ミュティレネの成年男子をすべて死刑にし、子供・婦女子たちを奴隷にする、とアテナイ人が決議したのは、プラトンが生まれてまもないころである。もちろん、この決議は実行されなかった。しかし、かつてアテナイの誇った知将ペリクレスの栄光はすでになく、アテナイは没落のきざしをみせていた。それはクレオンの発言がはっきり示している。かれは中傷を武器として政界に出た激しい民衆扇動家であった。それを支持する民衆もまた軽佻《けいちょう》を問われねばならない。

戦争はながびけばながびくほど、いろいろなひずみをもたらすものである。理想はきえ、価値は転倒する。知的な精神は失われていく。よけいな力と力がぶつかりあうためばかりではなく、恐怖の前に尊い生命が失われていくからである。クレオンはアテナイ民衆を前にしてこういうのである。

わたくしはいくどとなく、なにかあるたびごとに、民主主義は他人を支配することができないと断じてきた。こんどのミュティレネ人の処分について、とくと考えてみなければならないということほど、民主主義の無能ぶりを示しているものはない。日ごろ、安閑と暮らし、他人の悪だくみにかかった覚えのないために、同盟国人にたいしても同じような態度をとろうとする。そしてかれらの口車にのせられて失策をする。可哀《かわい》想《そう》だといって許してやる。それだけならよいが、そうすることが自分に危険をまねいていることをすこしも気づいていない。また、どれほど寛大にふるまっても、同盟者たちがすこしも感謝していないことに気づかない。――しかし、われわれをおびやかす最大の危険は、いちど決議した態度をぐらつかせることである。強国をなすためには、だれもしたがわない良法よりも、権威のぐらつかない悪法のほうがよい。国にプラスする点では、にぶくとも分別をわきまえているほうが、器用であっても、法を恐れぬものよりも大きな貢献をする。おおむね単純な頭のものたちのほうが、市民としては小利口《こりこう》な人びとよりもよい。これらのことをおろそかにすることは、危険である。というのは、小利

戦車の御者

ツキジデス

口なやからは、法律よりも賢くたちまわろうとするし、たいせつな問題ではとても自分の判断などいったとしても、無視されてしまうことを知っているのか、つまらぬときに人の前で演説をぶち、相手をいいまかそうとするからである。こういうことから、小知恵のあるやからが、国をほろぼした例は非常に多い。これに反して、国論を正道に導くものは、自分の理解力など、たいしたものではないと、あてにしない。法律を自分の才覚でしのごうなどと、思いあがることがない。また、器用な弁舌を聞いても、あげ足をとることにうまくはない。しかし、競争心ばかり強い連中よりは、公平な立場から判断ができるものである。このような事実から、われわれのような演壇に立つものは、変な論理や理屈をこねて競うことに、われを忘れてはならない。そして大衆諸君の意向に反するような言説をすべきではない。

このクレオンの演説が行なわれたころは、ソクラテスは四五歳ぐらいであり、プラトンは二、三歳にすぎない。もしソクラテスがこれを耳にしたとすれば、ペリクレスのそれと比較してなげいたであろう。歴史家ツキジデスのことばをかりるまでもなく、クレオンの思考は近視眼的である。国を富ませ強い軍隊をもつには、権力を絶対化しなければならない。それは、自由や知性とはあいいれない。これに反し、ペリクレスの思考は、人間の尊厳に根ざしていた。そこには法の精神がいきていた。しかし、クレオンには、アテナイ人の血に流れている自由思想がうすい。むしろスパルタ的といえる。かれは憐憫《れんびん》、詭弁《きべん》、寛容は、支配圏の利益をはばむ三つの敵と心得ている。憐憫とは、情を情で返すもののあいだに通じあうものである。だから、おりあれば敵になろうとする相手におよぼすべきではない。詭弁をろうする政治家たちは、舌先が巧妙で、自分の才能を売り物にして、私利をむさぼる。したがって、ささいな事件をたねにして、詭弁の術の優劣を競うために、ポリス（国家）に禍《わざわい》を招くかも知れない。寛容とは、これから味方になるものや、ながく友であるようなものにたいしてだけ示すべき態度である。

クレオンのいうことには一理あるが、これだけでは政治家の資格に欠ける。情けようしゃのない、勝つためには手段をえらばない、そういう人間性を無視した政治は、ながつづきはしない。ペロポネソス戦争の渦中とはいえ、アテナイにはペリクレス[1]が存在した。クレオンがペリクレスほどの注目をされなかったのはあたりまえであろう。もしこのままアテナイに第二のペリクレスがあらわれなかったならば、アテナイは歴史から消えさったかも知れない。もちろん、第二のペリクレスは出なかったけれども、ソクラテス・プラトン・アリストテレスという、汚名をばんかいするだけではない、人類の歴史に光をなげ、人びとが知的なエネルギーに欠乏したときには、いつも帰っていく精神の故郷ともいうべき哲人や哲学者が出現した。さらに、政治家も、クレオンだけにとどまらず、むしろそれをブレーキするどく、くいとめる名もない人がいたのである。それはディオドトスという人であった。

1)　ペリクレスについては、拙著　人と思想『ソクラテス』（清水書院）を参照。

浮沈

人の一生に幸・不幸があるように、一国の歴史にも盛衰がある。そのよってきたる原因がなんであるか、多くのことがいわれてきたが、完全な解答はいまだにえられない。紀元前五世紀も後半、終わりに近いころ、ソクラテスはその真価を発揮しつつあり、プラトンは偉大な生涯を準備しつつあるころ、全ギリシアは殺掠《さつりゃく》の巷《ちまた》と化し、人も時代も浮沈の極にあった。

プラトンはどこでなにをしていたかほとんどわからない。アテナイのどこかで幼児期をすごしていたことだけはたしかである。アテナイ人は、ミュティレネ人の処遇をめぐって、クレオンの強行論と、ディオドトスの自由、公正な言論に耳をかたむけていた。かれは扇動と中傷をこととする政治に反対する。民衆にこびることをしない。なにを決議するかよりも、まずいかに決議するかをたいせつにする。デモクラティア（民主政治）の基本線を守ろうとする。しかも強烈な知性と冷静な判断のもちぬしなのである。次にのべるかれの主張が、それをよく示している。

善い判断をはばむ二つの大敵がある。その一つは性急であり、第二は怒気《どき》である。性急は無思慮におちいりやすい。怒気は無教養につきものである。したがって、二つともせまい判断をまねく。またどんな人も、理論を行動の先導者とすることに、かたくなになるべきではない。もし、それにしいてこだわるならば、暗愚か偏見のそしりをまぬがれないであろう。暗愚とは、見通しのはっきりしない未来のことを、ことば以外の方法によって説明できると考えるからである。偏見とは、みにくくしかもおかしな説を、自分の弁論の術をつくしても、してはならないことを、しろといいくるめるには、力がたりないと考えて、中傷の術のあらんかぎりをつくせば、反論者をおどかし、反論に耳をかたむけるものをおどかすことができる、と考えることである。

心ある人ならば、浮沈の極にあるアテナイ人といえども、クレオンとディオドトスのどちらが正当であるかを、右のわずかなことばからでも、かんたんに判断できるだろう。これによって、ミュティレネ人を処刑する決議は中止されたともいえる。すくなくとも、アテナイ人は、ことがらを正視し、デモクラティアの本質にいつもたちかえって行動することのたいせつさを、ディオドトスから学んだにちがいない。そのなかには、プラトンの父アリストン、あるいは一族のだれかがいたかも知れない。そして成長のプロセスにあるプラトンに、語り聞かせたかも知れない。ディオドトスの説には、真実がこめられていたからである。ミュティレネ人を死刑にしさえすれば、ことがかたづくなどとかれは思ってもいない。死刑にさえすれば、まちがいないと信じこんで、愚かな決定をすることを、きびしくいましめている。人が誤算を悟ったときには、いつでも悔い改める余地が残されていなければならない。裁判官でない政治家が、たとえ敵対者にたいしてであっても、相手が犯した過失をすぐにつぐなう多少の可能性を残しておくべきである。こうして、ディオドトスの意見が、多くのアテナイ人の認めるところとなり、レスボス島ミュティレネ人処刑の問題は、アテナイに護送されたものたち（一説によれば一〇〇〇名）の処刑にとどまった。これをもってもわかるように、ペロポネソス戦争中の全ギリシア人の習慣は、ツキジデスものべているとおり、「攻めてくる敵を迎えうつものには罪なし」であった。

悲劇

戦争には、いうにいわれないみにくさがつきものである。また、いくつかの理論がくみたてられては利用されもする。人を殺すことには、どんな理屈も通らないはずであるが、そうとばかりはいかない時代であった。このふしぎな現象は、プラトンが青年時代になるまで、間断なくつづくのである。いや、戦争は今日でも行なわれている。この悲劇としかいいようのない、人間がみずから起こし、みずからなげき悲しむ現象の審判者はだれなのか。歴史家であるか、哲学者であるか、悲劇作家であるか、喜劇作家であるか、それとも神であるか。

ソフォクレスが悲劇『アンティゴネ』を上演したのは、紀元前四四二年である。それには人間への痛烈な批判がこめられている。人間と文明と倫理への、すぐれた洞察が根底となっている。ひとことでいえば、人間の文明がいかに進んでも、誤った倫理的判断をくいとめる方法はみつからない、ということであろう。しかし、かれの本心は、人間をほめたたえたかったのであるにちがいない。それにしても、そうしようとすればするほど、悲惨な現実のほうが、かれをとらえて離さなかったのであろう。その「人間讃歌」へのプロテストともいうべき、『アンティゴネ』がアテナイ人の目にふれてから二〇年もたたないうちに、ギリシア各地に悲劇が現実化す

ソフォクレス

るのである。

どこで、だれが、どのように殺し、殺され、みずからも死んだか。それらのたしかな記述をする、その必要がないほど連続的に、殺人があたりまえとなった。ケルキュラの内乱の時のことである。敵対派を、手あたりしだいにとらえては殺害する。ヘラの神殿においてすら、刺しちがえて生命をたつ。木の枝にかかって縊死《いし》するもの。それぞれのできるやりかたで自殺するもの。ケルキュラ人は、敵と思えば、その場ですぐ殺す。それには謀叛《むほん》という罪名をきせた。それだけではなく、個人的憎悪《ぞうお》のためにも殺されるのである。つまりあらゆるかたちの殺人が横行したのであった。父に殺された子。ディオニュソスの神殿のなかで、壁にぬりこめられて殺されたもの。想像を絶するばかりの極端な殺人があいついだのである。潰滅の危機におびえる、そのいとまとてなかったであろう。

人間たるものは、つねに一貫した徳をわきまえ、ふみ行なうべきである。勇敢と徳にたいする感謝の心を、ゆるがせにしてはならない。これは、たとえそのときだけの利益を求める人びとにもあてはまるから、ながく利益を求める人には、かならず必要な心がまえである。しかし、このことは、一片のことばでしかなかった。こんなことが、いつまでもつづいてよいはずがない。ソクラテスは、いちはやくそれに気づき、プラ

悲劇の舞台

トンはそれをソクラテスから学ぶのであるが、そうなるまでには、まだまだ時間がかかり、さらに多くの生命が失われなければならなかった。それなら、人間は衝動的な力にあやつられる、としかいえないではないか。法律も刑法もモラルも、すべてが地におち、人間は動物・生物となんら変わらないではないか。いったい、この原因はどこにあったのか。動物・生物なら、因果必然の法則にてらして解決もつくだろう。この時代には、この時代の、そこに生きる人の、なにかとくべつの理由があったにちがいない。しかし、ツキジデスが、「このような実例は、人間の性情が変わらないかぎり、それぞれの事件の条件のちがいに応じて、それなりの差はあっても、未来の歴史にもくりかえされるであろう」といっているように、人間はそのときの状況によって、野獣にもなる潜在性をもっているのかも知れない。人間は目前の安危という一点にくぎづけされたとき、なにをするかわからないのである。あえていうならば、ソクラテスもプラトンもこういう時代に生きたからこそ、あの倫理観、ポリテイア『理想国』が構想されたのかも知れない。すくなくとも、かれらの人間形成と、この時代が無縁であったとはいえないであろう。それには、ツキジデスのいうことが、一面の真実をついているとしても、プラトンの生きた時代とその時代性、すなわち要因を、さらにはっきりさせておかねばならない。

要因

人間は善いことをして馬鹿《ばか》とよばれるよりも、悪いことをして利口とよばれたいだろうか。そんなはずはない。しかし、プラトンの幼年時代は、まさに、いうなれば、こういう人心の時代

廃墟（コリントスのアポロン神殿）

であった。悪いことをしても、利口とよばれやすい、そういう世情であった。人びとは善い人であることを恥じ、むしろ悪い人であろうとし、悪人であることを自慢した。

　これらの原因は物欲である。名誉欲である。そしてこれらの欲望が、権力欲とむすびつく。人びとは盲目《めくら》になった。そこに派閥心がからんでくる。したがって、行動の規範は正邪の判断ではない。国家の利害得失でもない。復讐であり、残虐《ざんぎゃく》であり、術策であり、抗争である。しかも、これらによってえられる快感を求めるのである。反対派を傷つけ、いためつけ、そのときその場の快感がえられるまでやめない。そのどちらにもぞくさないで中庸を守ろうとする市民は、そのどちらかから協力しないことをとがめられ、中庸をたもつことができない。保身の術も、それによる態度も、ねたまれる。こうして、どんな人も、それこそ市民層のすみずみまで、悪はしみこみ、人間性は潰滅した。

　ペロポネソス戦争は、各地に内乱をひき起こし、そのたびごとに、道徳的頽廃がひろまっていったのである。ギリシア世界には、ありとあらゆる悪の標本ができた。率直、人格、高潔、徳などというものは、全く姿を消してしまった。ということは、人のそのつかのまにあるたしかなことは、死ということにほかならない。悪の洪水《こうずい》であるのだから、ほとんどが死を目前にしているわけである。それでも生き残れる人はどんな人であろうか。あわてない人であろうか。巧みに人をあざむき傷つけることのへたな人であった。ひにくな運命はいつの時代にもある。こういう人は、自分のたりないことを知っている。相手の巧妙さを知っている。つまり用心ぶかかったのである。そのために、相手が味方のうらをかいて先まわりするのではないか、と行動的でもあったからである。悪巧みにおぼれて、人を馬鹿にし、もう自分のものだと、たかをくくっているうちに虚をつかれて、かえって破滅をまねいたのである。

心ある人ならば、この現状を正視していることはできないであろう。顔をそむけるであろう。そうする心には恥がある。良心がある。そうでなければまともに見ていられるはずである。これを単純な解釈ときめつけることはできない。すでにギリシアには哲学が発生し、宗教からだっして、原因によるものごとの解明が行なわれていた。人の心には知的なならわしがながれている。それは自然の研究にはふさわしいが、人間の研究には、用をなさないとはいえない。悲惨なことを経験して、いたくもかなしくもない人はいない。その感情を、その体験をそのままにしておけないのが人間のつねである。他人の悪口をいったり、善い人だとほめたりすることも、その一例である。人間性潰滅のなかから、その要因をさぐりだし、ふたたびそうならないように努力する人がでてくるものである。それがソクラテス・プラトンであったといえよう。かれらは、このあまりにも地におちた人間のうめき声をだまって見ているわけにはいかない。ソクラテス・プラトンはこの時代の遺産であるといえるかも知れない。潰滅されたものは、そのままでいない。破壊されたものは、形のうえで復元されるか、心のなかで再建されるか、そのどちらかをとるものである。だから、人間は、自然にも、動物にも、いためつけられてきたけれども、完全に征服されることはなかったのである。しかし、ここでいう再建が、人間の再建の形をとり、倫理的な価値の発見へと向かうのは、たんにソクラテス・プラトンの偉大さだけにあるのではない。時代の教訓である。偉大なのは、かれらが現実と自分との相対的思考法[1]に気づいたことである。それには、イオニアのタレス[2]以来のギリシアの自然哲学と、ソフィスト[3]の活動が、あずかって力となったのであろう。

平和

この戦争による頽廃と人間性の潰滅的時代にも、平和への希求がなかったわけではない。紀元前四〇四年、プラトンが二三歳ごろの青年になるまで、和睦《わぼく》へのきざしは、なんかいかあっ

1) 弁論術に影響された考え方。同じことや概念をあらわすのに、わざとちがう表現をする。また同じ語句を使いながら、たいへん意味のちがう内容をあらわすようにする。そうすれば、多彩なだけではなく、緊迫した文体になる。これが、話す方法に用いられると、弁論術ともなる。これらが、倫理の概念にまでおよんでくると、それを破壊してしまうような結果となる。これを問題にしたのが、ソクラテスであり、利用したのがソフィストだといえよう。ソクラテス・プラトンが、倫理的な価値を定義して、不動のものにしようと努力した、そもそもの動機の一つは、相対的思考への抵抗と、それによって乱されたものを、再建しようとするところにあったかも知れない。そして、定義にいたるには、どうしても問答をせねばならなかった。すくなくとも、定義への最大の道は、問答にあった。

2) 紀元前六二四年、ギリシアの植民地、イオニアのミレトスに生まれた人類最初の哲学者。「万物の根源は水である」と主張。七賢人の一人でもある。日食を予言し、星の観察に、あまりにも熱中し、井戸に落ちたとのエピソードが伝えられている。

3) 拙著 人と思想『ソクラテス』（清水書院）の、「ソクラテスとソフィスト」のところを参照。

た。どうしたら平和になるか、それにはどういう条件が必要か、そしてそれを実現するには、どういう知見がなければならないか。これらの努力には傾聴にあたいするものがある。それは、この時代に活躍した喜劇作家アリストファネスの『平和』その他の作品によってもわかる。また、一方、この時代は、プラトンの成長期であり、かれはこれらの時代を背景にしながら、見るべきものは見、考えるべきことは考えれば考えるほど、政治への関心が高まり、それがソクラテスの死までつづくのである。かれの対話篇が、次々と書かれる誘因は、ソクラテスを最高とするも、その形式と内容は、この時代のさまざまなできごとと、深くむすびついている。たとえば、平和への道を話しあう、アテナイ人とスパルタ人との一問一答の形式がそれである。それはソクラテスの生きた対話の源泉となっているかも知れないし、ペロポネソス戦争が終息するまでの時代は、プラトンにとって多彩な生きた教訓であった。

アテナイ人には、なに一つできないことはないのであった。かれらにいわせれば、できないと断言できるものごとはなにもない。それにしては、平和が実現できないのはおかしい。それにはいろいろな思惑がからんでいた。しかし、アッティカの農民だけではなく、それこそ多くのギリシア人が、平和を求めていた。アリストファネスの『農夫』には、こんなセリフがある。「風呂《ふろ》にはいって、のんびり話がしたい、もうそれはそれは長い間、そうしていない。」また『平和』のなかには、「なぜあのとき、平和が自分からやってきたのに、どうしてうけいれなかったのか」という問いがある。その問われた喜劇の主人公は、トリュガイオスという男である。この男はそれに、「失敗だったのだ、しかし、ゆるしてくれ」と答えている。

エウリピデス

この『平和』がアテナイで上演されたのは、紀元前四二一年、プラトン六、七歳のころである。この年、ラケダイモン（スパルタ）とアテナイとの間に、平和交渉の気運がたかまり、平和条約と同盟条約がむすばれたのである。大戦がはじまってから、ちょうど一〇年がすぎたときである。この年には、悲劇作家エウリピデスの『歎願《たんがん》する女たち』が上演されている。一時にせよ、平和の訪れを、アテナイ人は熱狂して迎え、『平和』を観劇したのであった。ここにいたるまでには、アテナイとラケダイモンとのあいだに、銘記さるべき意見の交換があった。ラケダイモン人は、えりをただして、アテナイ人のふところにとびこんだあとがよくわかるのである。

「安全な解決に報復を加えあうことではない。戦いで勝ったがわが、相手の手足を苛酷《かこく》な誓いでしばってはならない。勝ったものと負けたものとの不平等を、承服させるようなことがあってはならない。勝者でありたいと思えば、勝者たりうる者が、寛容と道徳的勝利によって相手を屈せしめ、その畏怖《いふ》をやわらげる中庸の心をもって鉾《ほこ》をおさめるときに、ほんとうの和約が成立すると考える。というのは、このばあい、敗者であっても、和をしいられたのではないのだから、報復を願う理由はなく、ぎゃくに、むしろ徳をもってしたがわなければならない、道徳的な拘束を知り、廉恥《れんち》によってすすんで和約を心から守ろうとする。

――今こそ争いをやめるべき無二の好機である。和解すべきではないか。平和をえらび、他のギリシア人の間にも、戦禍の害をなくすべく努力すべきではないか。この戦いはどちらが始めたともなく戦闘状態にはいって今日にいたっている。いま和平をとりもどせば、諸国はこぞって、諸君に感謝をささげるだろう。そして、和議をしいたのではなく、われわれの求める平和を、恩恵としてほどこしたことになる。――」

このほか、多くのやりとりをへて、やっと手にいれた平和も、「かりそめの平和」でしかなく、まもなく泥沼の死闘へと突入してしまう。それから一〇数年のあいだ、ギリシア人には、安楽に眠れる日は、一日としてなかった。それほどかれらは、生命をまともに戦うのである。それゆえに、プラトンは、あの偉大な哲学を形成しうるあまたの素材と、それをつかいこなす精神とを、はぐくむことができたのだ、とすれば、ギリシア人はあまりにも大きな代償を支払った、といわねばならない。はたして、プラトンは、この時代からと、ソクラテスからでは、そのえたものが、いずれが大であったろうか。ソクラテスの死まで、かれは政治への関心と野望をすてなかったのだから、二八歳になるまでのプラトンにあたえた影響は、なんにんかの政治家を出したかれの家系と、この時代のほうが大であった、といえば早計にすぎるであろうか。それはこれからの課題であるが、すくなくとも、このたいへんな時代がプラトンにあたえた試練はかれの若さも手伝って大きく深かった。人間はなんであり、人間はいかにあるべきか。それらを追求する方法としての問答法。さらにこのうつりかわってやまない現象としての現実よりも、つねにあってなくならないものへの探求の重要性の認識などではなかったか。こういう問題は、若ければ若いほど、その魂のなかにすみつき、容易に消えないものである。この時代の悪しき典型が、アテナイ人同士のなかにしみこみ、ソクラテスほどの人をも、殺してしまうまでに根をはびこらせる。そのとき、プラトンは、この時代からうけた恩恵を、政治のなかでいかすことを、決然と断念し、哲学にいかしうると判断したかも知れない。そして、かれが晩年になり、ふたたび政治への情熱をかりたてるまで、この時代につちかったものは、政治の理想像と哲学のなかにいかされる。それがプラトンに課した、この時代の制約であったのかも知れない。

紀元前五世紀の終わりにペロポネソス戦争は終わった。しかし、プラトンは、それから数年もへずして、かれの人生における最大の試練に直面する。それは、ソクラテスの刑死である。プラトンはそのとき、はっきりと、この時代のなんであるかを、決定的に知らされることになる。それをひとことでいえば、戦争と頽廃の時代である。プラトンの幼年時代・少年時代、その青春は、この時代との対決にささげられたともいえよう。その対決をとおして、かれの血となり肉となったものが、かれの多彩な未来を準備したのである。それはうつろいやすいものにまどわされない精神と、理想国の建設と哲学、とくにイデア論を主体とする形而《けいじ》上学建設への母胎であった、といえるであろう。

ギリシア装甲兵の碑

＊ 典拠となったおもな文献　ツキシデス『歴史』 M. Rostovtzeff, Greece, A Glaxy Book, Oxford 1963.

ソクラテスの刑死

——プラトンの回心——

恩師

ソクラテスの運命は、西欧精神の歴史における、根本的なテーマの一つである。[1] いや、ヨーロッパ人だけではなく、すべての心ある人の、つねにぶつかる問題である。なぜなら、ソクラテスは、「食うために生きるのではなく、生きるために食うのだ」といつも考え、いっていたからである。さらにそれだけではなく、「人はただ生きるのではなく、善く生きることがたいせつだ」からである。もちろん、これらのことだけではなく、多くのことがいわれてきたのであるが、なんといっても、全人類が注目せずにいられなくなったのは、かれの刑死[2]である。

ソクラテスは体系的な哲学者ではない。「人生のありかた」を教えた、一哲人にすぎぬかも知れない。しかし、なによりも行動の人であった。かれは強烈な印象をあたえずにはおかない人間の典型である。ロゴス(ことば)とプラクシス(行動)の、完全といえるほど、むすびついた人であった。いついかなるばあいにも、信念を、金銭や地位や身の安全のために売りわたすことはなかった。その意味においても、かれはわれ

1) Romano Guardini, The Death of Socrates, P.V. Meridian Books, Cleveland 1962.
2) これについて、くわしいことを知りたい人は、プラトンの『パイドン』と、拙著 人と思想『ソクラテス』(清水書院)を参照。

われの教師であり、いうなれば、恩師にほかならない。プラトンは、一説によれば、八年ないし一〇年のあいだ、ソクラテスの影響のもとにすごした、といわれている。その影響がどういうものであったかは、プラトンの生涯と著作をみれば、おのずから明白である。かれはソクラテスから出発しソクラテスに終わった、といってよいほどソクラテスを血とし肉とした。ソクラテスのことばと行動のなかに、プラトンが追求し展開したすべての問題の芽ばえがあった、といえるほどなのである。すべての人のなかで、プラトンはソクラテスの最高の弟子であり、すべての人のなかで、ソクラテスはプラトンの最高の恩師なのである。したがって、紀元前三九九年、ソクラテスがアテナイの牢獄で死刑になったとき、もっとも驚き、もっとも深いショックをうけたのは、プラトンであったにちがいない。いや、ソクラテスの死刑の、そのとき、その瞬間から、われわれはソクラテスの運命を背負わされたのである。

死　刑

人はだれも死を準備しつつ生きなければならない。われわれはいつ死んでも悔いのないように生きるべきである。それがソクラテスの死刑の意味であろう。ソクラテスの運命を背負うとは、そういうことなのである。それはプラトンにおいては、もっと深刻であった。プラトンの生涯においては、ソクラテスとの出会いが決定的であっただけに、ソクラテスとの死別は、いま現になにをしなければならないのか、かねてからの念願である政治家になるか、それとも哲学をするか、という切実な問題にプラトンを追いこんだのである。

紀元前四〇四年、ながいペロポネソス戦争は終わった。この戦いは悪夢の連続といっても、なおたりない。人間のもっている悪のすべてが現実化した。そしてアテナイはスパルタに敗れた。それだけではない。それから五年して、アテナイ人はソクラテスほどの人を死刑囚にし、殺してしまうのである。プラトンは、みずからの同胞に、かけがいのない恩師をうばわれてしまった。プラトン二八歳のときである。その損失は、はかり知れない。そのかんの実状を、プラトンはくわしく、しかも感動的に、『ソクラテスの弁明』『クリトン』『パイドン』のなかで描写する。しかし、それまでのプラトンの心中には、激しい変化と追憶の波がおこったのであろう。プラトンの自叙伝ともいうべき『第七の手紙』が、それを示している。

たしかに死刑になるまでのソクラテスは、あらゆる迫害が、身に迫るかも知れない危険を、あえておかしていた。プラトンはそのくわしい実状をかれの目と心でとらえていた。そのつどかれは、考えこまずにはいられなかった。そのうち、アテナイの一部の覇者《はしゃ》たちは、もっともソクラテスにふさわしくない罪のもとに、かれを法廷につれこんでしまった。そしてかれを不敬虔《ふけいけん》な者として告発し、そのうえに死刑の票に賛成してしまう。プラトンはこのいきさつを、「眩暈《めまい》のする思い」でみなければならなかった。かれは、国家の全面的なすがたについて、なんとかしてそれを改善できないものかと考える。しかし、その実践に、かれをふみきらせない、どうにもならない現実をみてとらずにはいられない。こうしてプラトンの心のなかでは、こくこくと回心のときがきざまれていくのである。武力による争いに勝ったがわは、人びとを追放にしたり、死罪にしたりする。それは、あくまでも、悪にむくいるに悪をもってすることである。敵には復讐する以外

ソクラテスの死

に方法がない、というやりかたである。この態度を改めないかぎり、禍悪《かあく》はやむことがない。勝ったがわは、まず自己をおさえる。敗者をおさえつけ、もっぱら自分たちの快楽のためにすることをしない。こういう、共同的で、しかも普遍的な法律をつくって守らせる。そうして、どうしてもその法律を、心から守らせるようにしないかぎり、国内の分裂と対抗はやむことがない。

そのように、ソクラテスの死刑は、プラトンにさまざまな動機を与えることになった。かれが晩年に展開するノモイ『法律』篇への第一の芽ばえ。ポリテイア『理想国』を書き、それを地上に実現しようとすることの素地。そして、もっとも重要な、かれの「哲学への回心」を決断せざるをえなかったことなどである。

回心

「自分はすばらしい道を聞いた。これからは、この道に自分をうちこまなくてはならない。これをのぞいた生は、生きる価値のない生である。」哲学的資質のあるものは、そう信ずるにいたる。とプラトンは『第七の手紙』でいっているように、かれは哲学への回心を、自分にもそのようにいい聞かせて、決断したのであろう。それからのプラトンは、この道に全力をかたむけ、その究極に到達するまでは、あるいは道案内者の手をかりないで、自分を導けるようになるまでは、その手をけっしてゆるめないのである。

プラトンほどに、ソクラテスの死を、みごとにいかしきった哲学者はいないであろう。それはたんにかれがソクラテスの弟子だったからではない。ソクラテスは、自分から弟子をもつような哲人ではなかった、というのが定説だからである。プラトンの天才的な哲学的素質はもちろんのこと、ソクラテスの死とその原因をうけとめる、詩的で芸術的な直観である。それは、次にのべるような、かれみずからのことばに明らかであり、同時代のほかのだれにもまねのできない、ソクラテスのうけとめかたに示されている。

「ほんとうの意味における哲学からみおろしてこそ、国家的ないし社会的な正義も、個々の私的な正義も、すべて見分けることができるものである。だから、まさにほんとうの意味において、哲学者であるような人びとが、政治家の仕事をするか、あるいは諸国家の覇者の位置にあるような人びとが、なんらかの神のあたえるほどよい配合によって、真実の意味で哲学するようになるか、そのいずれかが実現するまでは、人間諸族は禍と悪からのがれられないであろう。」

これはプラトンの構想する理想国の基本的構図である。哲学者が政治をするか、政治家が哲学者にならないかぎり、人類は救われないというのである。この考えは、明らかにソクラテスの死刑をピークにして、プラトンのなかに確立したものである。たしかにかれは、「かつて若き日の私は、やはり多くの青年と同じような気持ちに動かされ、成年になったらすぐ国家の公生活にたずさわろうと考えました」といっているように、青年プラトンはまちがいなく政治家になろうとしていたのである。ところがプラトンは、「私の親愛なる老ソクラテス」とよび、かれを「時の人のなかでもっとも正しい人」と尊敬した。そしてソクラテスの死を境に哲学に回心し、それを理想国の根底とするまでになる。プラトンの親戚や知人のなかには、叔父《おじ》カルミデスとか従兄《いとこ》のクリチアスのような、あのアテナイの三〇人政治のメンバーがいた。かれはこれらの人びとから、政治への参加を誘われもしたのであった。青年プラトンには、これらの政治家は、不正な生活形態を正しい方向へ導いていくだろう、という夢があった。しかし、まもなく、三〇人政治は崩壊する。まだそのころは政治への希望や意欲がプラトンにはあった。しかし、ソクラテスが死刑になるのを体験し、その事件のいきさつを考え、法律、習俗などの実状を考察するにおよんで、政治にたずさわることの困難を、かれは痛感する。というのは、友好的な人びと、信ずることのできる同志というものがいなければ、政治はできないからである。プラトンには、法も習俗も頽廃の一途をたどり、それが驚くべき勢いを示している、としか思えなかった。そこでかれは、国家改善の構想をすすめることはしても、それの実践的活動については、その機会をうかがうことにきめたのである。かれはまず哲学をする。政治への参加は他日を期することにした。

出　発

プラトンの人生のコースは決定した。哲学をすることである。さしあたり哲学をするというのではない。それまでには、ながい精神的な遍歴と、きびしい現実との対決があったのである。そのプロセスに決定的な終止符をうったのは、まさにソクラテスの刑死であった。プラトンの回心をうながしたものは、ソクラテスを最高とする。

紀元前五、四世紀、とくに三九〇年代に、哲学にふみきるということは、もっともいつの時代でもそうだが、絢爛《けんらん》たる舞台から身をひくようなものである。すくなくとも、ぜいたくではなやかなことを断念したことを意味する。政治家のほうがはるかにはなやかである。名誉においても、生活の保証においても、人びとをひきつける点においても、哲学者にまさること数倍である。プラトンはそのコースへの最短距離にあり、その才能に欠けていたわけではない。にもかかわらず、かれは宗門にはいるにもひとしい哲学にふみきる。現実のなかから、もっともきびしい生活を、わざわざえらびとったようなものである。しかし、かれのなかのいろいろな可能性を、みずから殺したのではない。その可能性のなかの最大のものを自覚し、それを実現することが、他方への可能性をのばすことにもなる。哲学を知らず、哲学的精神もないのに、政治をするようなことがあれば、第二のソクラテスを殺すかも知れない。政治家になろうとすれば、まず哲学をしなければならない。さらに重要な

当時の哲学者像

ことは、そのような、人生をうまく生きる手段ではない。さらに本質的なことである。人生をどのようにすごすのも、その人の自由であり、職業の相違によって、人間の貴賤《きせん》はないが、なにをするにも、哲学が根底にならなければならないことである。プラトンはそれを専門の仕事とすることによって、最善美な人生を生きようとする。さらに、ソクラテスを生きねばならず、ソクラテスを完全なまでに描写し、後世に残し、伝えねばならない。したがって、プラトンが哲学をするということは、多方面への可能性を生きることであり、今は亡きソクラテスを想起し、文字のなかに再現することでもある。かれ一身の範囲内にとじこもることではなく、ソクラテスを生き、はるかに高次元で広汎な世界に泳ぎだすことである。それによって、いかなる変化がうまれるかは、プラトンとてもわかるはずがない。とにかく、哲学への船出をせねばならぬ。その船出とは、かれにおいて、さしあたり現実的になにをすることであるか。

＊　主として典拠になった文献　プラトン『第七の手紙』『パイドン』『ソクラテスの弁明』『クリトン』

プラトンの前半生

――苦悩と遍歴の時代――

展望

ソクラテスに死別したプラトンは、みずからの力で、すべてのことをやっていかねばならなくなった。しかし、すでにその力はあるし、なにをするかはきまっている。哲学の仕事をすることである。だがアテナイは、かれが静かに思索をつづけられるような情勢にはなかった。むしろソクラテスの一味としてのかれには、身に危険が迫っていたともいう。ここにプラトンの苦悩と遍歴の時代が開始される。

それらを象徴するものは、かれの生涯にわたって、たびたびくりひろげられる旅行である。それは遊山《ゆさん》ではない。いろいろな壁にぶつかり、それをどのようにこえていくかを示す、かれが自分にあたえた試練といえるだろう。どのようなことが起こっても、それを心の肉体でうけとめられない人には、自分以外のなにかから、なにかをもらうことはないだろう。プラトンはソクラテスの弟子にふさわしく、やむをえずなにかをするのではない。かれには心の肉体、つまりわれわれの身体《からだ》がなにかにふれたときに反応するあの感覚であり、しかもかれにはその原因と意味をロゴス（言語）化する意欲がいつも働いている。だからプラトンが哲学をするということは、そういうふうにして、ほんとうにあるものをさがし求めることであり、それにはかれの身辺に起こることのすべてにたいして、鋭敏に反応しなければならない。その反応は、かれの行動を誘い、やがて思索を要求する。それがあるときには旅行となり、思索となり、著作となり、講義となったのではないか。

こうして、プラトンの遍歴の第一頁は、メガラ旅行となって現実化する。しかし、これらのことは、わずかな資料を手がかりにした、われわれの想像であり、推量であって、なに一つ確実な記録はない、といってよい。われわれがプラトンについて知ることのできる唯一最高の資料は、かれの著作である。それは容易に入手できる。したがってかれの思想は、われわれの力量に応じて、いつでもつかむことができる。しかし、プラトンほどの哲学者になると、いろいろな人がいろいろに言い伝えてくれるものである。われわれはそういうものをたよりに、かれの生いたちから成長のあとを、メガラ旅行にでかけるまでたどってみよう。

出生

「アテナイの土地は、もっとも甘い蜜とともに、もっとも激しい毒人参《どくにんじん》をうむ。そのようにアテナイの町は、もっとも徳性のすぐれた人びととともに、もっとも邪悪のはなはだしい人を出す。といわれているのは真実だと思われる。」プルタルコスはこのようにいっている。徳のすぐれた人とはソクラテスのような人をさし、邪悪な人とはかれを殺したような人をさすのであろう。そういうアテナイは、さらに学問的にすぐれた人、プラトンをうむ。かれはこのアテナイに、純粋のアテナイ人として生まれたのである。

ソロン

プラトンは紀元前四二七年の五月ごろ生まれ、紀元前三四七年、八〇歳で死んだ。かれの家はアテナイの名門、貴族である。父の名はアリストン、母の名はペリクティオネといった。プラトンはおそらく三番目の息子《むすこ》であったろう。アデイマントスとグラウコンという二人の兄があったとされているからである。また、ポトスという妹があった。

ペリクティオネは、有名な立法者で七賢人の一人でもあるソロン[1]の兄弟ドロピデスの子孫とされている。しかし、プラトンの著書『ティマイオス』によれば、ドロピデスは、ソロンの身内とか、親しい友人といわれている。だから、こちらのほうがほんとうであろう。ペリクティオネの兄弟にはカルミデス、従兄にはクリチアスがいた。クリチアスは、紀元前四〇四年のアテナイの三十人独裁政治家の一人である。カルミデスはその一味であり、プラトンの対話篇『カルミデス』の主人公である。

プラトンの父アリストンも名門の出とされている。その家系は、アテナイの最後の王コドロスにさかのぼる、という。コドロスは、海神ポセイドンの流れをくむ、といわれている。しかし、アリストンは早く死んだ。プラトンの幼少のころとされているが、はっきりしたことはわからない。そのこともあって、ペリクテ

1) ソロンは紀元前六四〇年から五五八年ごろの人で、法律をつくることによって、人間のノモス（法）を確立したことで有名である。

ィオネは、その叔父ピュリランペスと再婚したのであろう。そのあいだにできたのがアンティフォンである。この人はプラトンの『パルメニデス』にでてくる、かれの異母弟である。この作品が書かれたのは、紀元前三六六年、プラトン六一歳のころといわれ、このときにはまだペリクティオネは生きていたであろう、と伝えられている。

教育　プラトンは名門の生まれにふさわしく、小さいときから教育された。それは、読むことであり、書くことであり、数えることであったという。このころの教育は、読、書、算、音楽、体操であった。少年時代のプラトンは、これらを教えられたのである。競技の面もきたえられた。それだからではないだろうが、かれの体格はりっぱであった。広い額《ひたい》をもっていたともいわれている。絵の勉強もし、叙情詩や悲劇を書いたとも伝えられている。

このほかかれの幼少時代のこと、たとえば、数学にはどんな才能があったとか、読むことと書くことがどの程度であったとか、ほとんど知られていない。ただかれの三〇歳ごろからの活動から想像して、俊敏な子供であったにちがいない。詩人的な素質がなければ、あれほどの文体は書けないだろうし、哲学は詩であり音楽である、との発想はできない。絵画は模倣である、というかれの芸術論の基本原理も、一日ではぐくまれたものではないであろう。

政治面での指導は、教育といえるかいなかは別としても、それについては小さいときからいろいろと教えられたことはたしかである。とくにペリクレスの政見はしばしば聞かされ、若いプラトンにも、深くなにかを感じさせたであろう。そのころの人間活動の最高の形は、政治家となって国政にたずさわることであった。そればかりではなく、かれの一族には政治家が多く、ましてペロポネソス戦争のさなかである。どちらかといえば、テオリア（観想）を中心とする哲学をするよりも、政治への情熱が盛んになる時代であった。この時代とプラトンの育った環境からすれば、かれが初めは政治に志したのは自然であり、当然であった。しかしプラトンといえども、かれのうけた教育を消化吸収するだけでは、どうにもならない、それこそ苛酷な現実の前にたたされていたのである。

二〇歳前後

人の生涯を直線と曲線にたとえてみるならば、二〇歳前後は明らかに直線である。ものごとを鋭敏にとらえ、それによってえた感情と思考に、すなおについていこうとするからである。しかし、曲線は優美であり、直線は単調である。そのように、直線はなにかとの激突を避けられない。ときに醜態を演ずることがある。しかし、人の一生は、かならずこの直線をへて曲線へと推移する。その意味で二〇歳前後は、その人の直線の時期に属し、しかもその生涯を決定する一つのバロメーターである。このことは、その生涯をみとどけ、描写するがわにもいえる。

プラトンは一八歳から五年間、軍務にふくしていたと伝えられる。それは紀元前四〇九年から四〇四年にあたっている。ペロポネソス戦争も終末に近いころである。かれは騎兵として活躍したといわれているが、確実な証拠はない。ただアテナイでは一八歳になると、二年間軍隊生活をすることになっており、まして戦争中のこと、プラトンといえども、当然それに参加したであろう。しかし、プラトンにとってさらに決定的で重要なことがおこるのである。それは偶然のことであったか、かれみずからそうしたのか、はっきりしていないけれども、かれの青春における画期的な事件であったことにまちがいはない。その一つは、かれが哲学の勉強を、すでに始めたことであり、もう一つのことは、ソクラテスとの直接の出会いである。

アリストテレスは、かれの『形而上学』のなかで、「プラトンは、若いころから、まずクラテュロスに接し、そのヘラクレイトス的な教説に親しんだ」といっている。たしかにプラトンは『クラテュロス』という対話篇を残している。ヘラクレイトスは、紀元前六世紀末から五世紀前半に活躍した、ミレトス北方のエフェソス出身の哲学者である。すべてのものの根源は火であり、万物は流転《るてん》してとどまるところがない、と主張した。もしクラテュロスが、このヘラクレイトスの考えを認めており、プラトンがこの人に親しかったことがほんとうだとすれば、プラトン哲学の基本的な構想は、すでにこのとき、ある程度できあがった、といわざるをえない。なぜなら、アリストテレスは、「ヘラクレイトスの見解では、およそ感覚的な事物は、どれもこれもたえず流転しているから、これらのものについては、ほんとうの認識はありえない」ということをプラトンはずっと守りとおした、といっているからである。

アリストテレスは、いうまでもなく、プラトンの弟子である。それも一八歳から二〇年間にもわたるながいあいだの師弟のつながりがあった。その恩師の思想、それも中心的な哲学の内容を、故意《こい》にゆがめて書くはずがない。もちろん、あとでのべるように、プラトン哲学の中核は「イデア論」であり、アリストテレスのそれは「実体論」である。師と弟子は対照的な哲学を樹立した。だからといって、曲解することはないだろう。とすれば、プラトン哲学の内容上の出発点は、すでにこのころ、すなわちソクラテスの刑死を境に、かれが哲学に回心する以前ということになる。

さて、もう一つは、ソクラテスとの直接の出会いの問題である。それが一説によれば、プラトンの一八歳のとき、ある伝承によれば、これはディオゲネス＝ラエルティオスの『哲学者列伝』であるが、それによれば二〇歳のときとされている。どちらが正確であるかきめかねるが、多くの人はディオゲネス＝ラエルティオスにしたがっている。紀元前四〇七年、五六歳のころのソクラテスに、二〇歳のころのプラトンが劇的なめぐりあいをしたというのである。すでにプラトンはヘラクレイトスの哲学の勉強をしたのちのことであるという。かれは悲劇の競演で賞をえようとした。そのとき、アテナイのデオニュシオス劇場の前で、ソクラテスの意見を耳にする。ソクラテスはなにを話していたのかわからないが、プラトンはよほど痛感したのであろう。電撃的ショックであったのかも知れない。すでにこの前からソクラテスについては、なにかと聞かされていたはずであるが、これほどの哲人とは思わなかったのか、かれはもっていた詩をやきすててしまった。そしてかれは、ソクラテスに「プラトンはいまこそ、あなたが必要です」といったという。これが、ほんとうかどうかは別としても、偉大な師表《しひょう》ソクラテスと地上最高ともいえる哲学者となる可能性をもったプラトンとの邂逅ともいえる情景である。そのときから、プラトンは二八歳になるまで、およそ八年間、ソクラテスの最大の弟子となった。いや師の死後も、その影をふまなかったのである。

　かれはソクラテスからなにを学んだのか。かれの書いたかずかずの対話篇が、それをわれわれにあますところなく語っている。まずソクラテスの人間、人柄について、倫理的・政治的な態度について、その「死命の思想」[1]について、そのほか数えきれぬほどの教訓を、身に徹しながら学んだであろう。ここに史上かつてない師弟結合の典型が、ソクラテスの刑死まで、いやそれ以後も精神的な意味でつづいたのである。

プラトンの愛

　ソクラテスとのうるわしい関係は、人間的・思想的、師弟のそれだけであったろうか。ソクラテスには同性愛の傾向があった。それは、この時代の風習ともいわれているが、たしかにプラトンのシュムポシオン（『饗宴』）には、それが異様なふんいきをただよわせるほど、微妙に細かに描かれている。しかしソクラテスは家庭をもち、子供もあったのであるから、そのうえに同性を愛したとすれば、愛の問題はいつの時代においても、複雑深淵《しんえん》である、といわねばならない。しかもソクラテスは、プラトンを愛したというし、プラトンもそれをうけ、さらにほかの同性を愛したといわれているからである。

　これがほんとうなら、プラトンとソクラテスとの関係には、思想とは別な要素もあったことになる。しかし、それもプラトンの対話篇によって知られるのであるから、もともとはプラトンの考えていた愛であったのかも知れない。ソクラテスの愛が神秘的であったのにたいし、プラトンのそれは優美にして高尚《こうしょう》にみえる。

だから、プラトンの愛は、さらに特別な様相をおびてくる。たしかに、プラトニック―ラブといわれる世界がある。

プラトンは、ともに天文学を勉強していたアステルという少年を愛したという。プラトンには『パイドロス』という対話篇があるが、その主人公パイドロスをも愛したらしい。さらに、あとでのべるシケリアのディオンを、「おお、わが心を、愛もて狂わせた、ディオンよ」というほど恋したともいわれている。またアガトンを愛したとき「くちづけするとき、わが心は脣《くちびる》の上にあった」というほどである。

さきにわれわれは、人生を直線と曲線とであらわしてみたが、恋愛はそれらがもつれからまることにたとえられよう。肉体的になれば、直線のように、じかにむすびつこうとする。精神的なばあいは、その心は曲線である。これらが交互に入れかわって愛のシンフォニーをかなでる。ところが、プラトンのそれは、肉体と精神のたんなる合奏ではないようである。いわゆる男女の愛欲ではない。男女の恋愛でも、肉体の直接的関係の面と精神的・間接的関係の二面をもっている。互いに接近したときの愛と、離れたときのそれがからまって、恋愛の持続となる。それがだんだんに上昇していって、理想の愛、いうなれば純粋な次元にいたる、そういう愛はすくないであろう。同じことのくりかえしや、老年の衰弱が、枯れた愛、直接的ではないが、かろうじてつながっているような、そういうものであろう。しかし、プラトンのそれは、愛の双曲線をたどるようである。次にのべるように、欲望、情念、理性の階段をのぼりつめて、純粋な次元に達するのである。おそらく、ここに「プラトニック」のゆえんがあるのかも知れない。

「からだをふれあいながらちかづいていくにつれておこるあの愛の情念。それは欲望にはじまったかも知れぬ。だが、愛し愛されるもののあいだに交流しあう、この美しき流れは、やがてふたりの魂をいっぱいにする。それはなにが満たされ満たしたのか。おそらくふたりにもわからない。わかろうとする必要もなく、またそうしようとするときがなかったからではない。もしふたりがはなれるなら、すぐになにかわからないそれをしきりに求めあう。心にうつった恋の影を求め、それにこたえようとするのか。ふたたび欲望とヒメロス（情念）のとりことなる。くちづけをし、ならんで横になり、身をまかせて、よろこばせてやろうという気持ちになる。だが、いっぽう、つつしみと理性がそれに抵抗するのである。そこで、この心のすぐれた部分が、ふたりを秩序あるととのった生きかたへみちびき、知を愛し求める生活へと向かうならば、そのときこそ幸福なハルモニア（調和）に満ちたものとなる。魂のなかの悪い部分をしたがわせ、善い力をのばせるようにし、自分が自己の支配者となり、ととのっていてりっぱな美しい人間となっているからである。」

このように、プラトンのエロス（恋愛）は、愛とも恋ともとれる。しかし、われわれがふつうに考えている恋愛とはちがう。それは、かれがたんに同性を愛したからではない。その根底に哲学を含んでいる。求めひきあう、その恋の情念が、だんだんに透明になっていく。そして、求めひきあうことの、求める力が澄んだかたちで、求めさせるものに向かう。そのとき、ひきつけ、求めさせるものは、恋人とかいうのではなく、知的に愛し求めなければ、えられないものとなっている。ここに「純粋」の意味がある。しかし、初めからこうはなれない。そこに目をつけたところに、プラトンの独自性がある。

プラトンは生涯独身であった。かれ自身、妻について、なにもいっていない。かれ以外のだれも、かたっていない。だから、かれは同性愛主義者であった、ということはできない。かれの青年時代には、やはり多くの青年にある激情的な面もあったろう。同性への愛についても、異性へのそれについても、あふれる感情の泉があったろう。「直線」は青年の特権である。しかし、プラトンは、よくそれをのりこえ、三〇歳前後からの、あの超人的な活動を、心にえがき、それを準備することを、すこしも忘れなかったのである。

三〇歳前後

紀元前４世紀ごろのアテナイ市民

紀元前四〇一年、二六歳のプラトンには、まだ政治家となる希望があった。その夢と情熱を、うちくだいたものは、いうまでもなく、ソクラテスの刑死であった。二八歳のプラトンが、そう決断するには、哲学への回心、政治家への不信、ともに政治をする人材の不足、政治は一人ではできないことなどの配慮があった。しかしそれは、政治への断念を意味しないのである。ここにプラトンの前半生における頂点ともいえる、なみなみならぬ苦心のあとがうかがわれる。

プラトンは芸術的な天才である。あふれるほどの情熱をことばにする達人である。文学と詩が、せきららな人間と、その時代をえがくのに適していることを知っていた。ありのままの推移と現実をつくりだすものの正体が、なにをする人にもつかまれていなければならない。それをつかむには哲学の方法が適している。まず哲学をすることによって、ソクラテスをすべての人に伝え残すことも、ソクラテスの遺産をひきつぐこともできる。この仕事は、すでに自分のなかに、構想されているヘラクレイトスから学び、この世のなかのいっさいのものはやがてなくなってしまうが、やはりそのようにさせるものがあるからで、そのものはいつになってもなくならないにちがいない、という考えに矛盾しない。それだけではなく、哲学をするものが政治をするか、政治をするものが哲学をもするようにならないかぎり、理想の国家はつくれない、という考えがどうしてでてくるのか、その源泉に迫ってゆけるであろう。これらのことが、自分にできるだろうか。その可能性があるだろうか。こうしてプラトンは、かれにできる最大の可能性を、たんに実現しようとしただけではなく、それといろいろなこととのつながりを、つぶさに吟味しながら、哲学にふみきったのではないか。三〇歳前後のプラトンは、これらのことに全力をふるったのではないか。その一つのあらわれが、たとえ身に迫るソクラテスの危険を避けるため、という理由があったにしても、メガラからエジプト・シケリアへの旅行ではなかったのか。

遍歴

メガラはアテナイの西方、そう遠くないところである。ソクラテスの刑死後、プラトンは二、三の友人とともに、この地にのがれたと伝えられている。ソクラテスの弟子として、危険にさらされるのを避けたのだという。プラトン二八歳のときであった。ここから、かれの遍歴の旅がはじまるのである。

メガラでは、エウクレイデスのところですごした。エウクレイデスは、やはりソクラテスの弟子である。かれはソクラテスが死ぬときそばにいた。ソクラテスの思想とパルメニデスの学説をむすびつけて、メガラ派をたてた人である。パルメニデスは、紀元前五〇〇年ごろの哲学者で、「有《あ》るものはある、無いものは無い」と主張し、論理学の祖ともいわれている。エウクレイデスは、この「有るもの」を「いつもあってなくならないもの」、すなわち「一者」と理解した。かれはソクラテスがいつも求めていた善を、やはり「いつもあってなくならないもの」、すなわち善という「概念」と理解した。そこでエウクレイデスは「善」と「一者」を同じものとみるにいたった。これが「メガラ派」の由来《ゆらい》である。

プラトンがここにどのくらいいたのかよくわからない。三年ぐらいだろうとの説もあるが、くわしいことは不明である。そこからかれは、アフリカにあったギリシアの唯一の植民地キュレネに渡り、キュレネの数学者テオドロス[1]をたずねたという。またキュレネでは、キュレネ派のアリスティポスに会ったと伝えられて

1) テオドロスは無理数を発見した人。プラトンやテアイテトスの数学上の先生とされている。テアイテトスはプラトンの同名の対話篇の主人公で、早死したと伝えられている。

いる。アリスティポスは、やはりソクラテスの弟子といわれ、ソクラテスの求めた善とはなんであるかは、それがその人に「ここちよいかいなか」できまるとした。すなわち、「ここちよいもの」が求めるにあたいする「善」であるとした。ここちよいものがもたらす「快感」あるいはヘドネー（快楽）が善だという。だからキュレネ派の主張は、ヘドニズム（快楽主義）であった。

プラトンがこのキュレネにどのくらい滞在したかは、やはり不明である。しかし、かれはそこから南イタリアのピタゴラス派のピロラオスとエウリュトスのところにいったとされている。また、その前に、アテナイに帰ったとの説もあるから、どれがほんとうだかはっきりしない。ディオゲネス＝ラエルティオスの第三巻によれば、プラトンはイタリアから、さらにエジプトに行ったことになっている。それなら、前期の著作はいつどこで書かれたのか、という疑問がおこってくる。一説では二五、六歳のころという。がしかし、ソクラテスの死後まもなく始められ、紀元前三八八年、プラトンの三九歳ごろまでのあいだとされている。かれの『第七の手紙』に明らかなように、「第一回シケリア旅行」以前であろう。だから、紀元前三九九年以後の一一年間は、のちにのべるような、いくつかの対話篇の執筆と旅行とについやされたわけである。

シケリアへの旅

紀元前三八七年、プラトンは四〇歳になった。すでに一五篇前後の著作をし、今、シケリアにあるシュラクサイの僭主ディオニュシオス一世に招かれている。もし紀元前三八九年ないし三八八年にピタゴラス派をたずねているとすれば、南イタリアのタラスからシケリアに渡ることになる。それともアテナイからであるかはわからない。しかし、プラトンとピタゴラス派とのつながりはきわめて深い。ピタゴラスは、紀元前六世紀前半にサモス島に生まれ、その後半西方にのがれ、南イタリアのクロトンに移り、そこに宗教的教団をおこした、宗教的天才、天才的数学者である。南イタリアのタラスには、この派のアルキュタスがいた。アルキュタスは、紀元前四世紀前半に活躍した幾何学者で天文学者であった。プラトンは数学にくわしく、またそれをよく知っており、生涯数学を愛好した。おそらくプラトンは、ピタゴラス派のこのアルキュタスとテオドロスなどから数学を学んだのであろう。とすれば、その一つの時期は、このころであったかも知れない。あるいは、ピタゴラス派の霊魂不滅の信仰を学び知ったのも、このころであったかも知れない。もちろん、霊魂不滅については、すでにソクラテスから教えられていたはずである。しかし、宗教と数学とのなんらかの関連は、ピタゴラス派の独特な教説であったことを忘れてはならない。ピタゴラス学派をたずねたのは、すでに、プラトンのなかにアカデメイア創設の希望があり、その下見のためであった、とも伝えられている。

ピタゴラス

さて、シュラクサイに行ったプラトンは、生涯忘れることのできないディオンにめぐりあうのである。ディオンは僭主ディオニュシオスの甥《おい》である。そのときディオンは二〇歳であった。それからかれは、ずっとプラトンの弟子となる。このディオンをめぐって、プラトンの人生にいろいろな波乱がまき起こることになる。プラトンによれば、ディオンはどんなことにもひじょうに俊敏な人物であった。ディオンはプラトンの教えをうけてから、快楽よりも徳を愛して生きるような、そういう生涯を送ろうと努力するようになった。

ディオニュシオス一世は、すでに老人であったが、すべての人に信頼をもてない独裁者となっていた。しかし、生まれつきそうではなかったらしい。このころのかれは、すべてをうたがい、恐怖に悩まされていた。髪の毛にも剃刀《かみそり》を使わせない。理髪師は炭火で髪のまわりを焼いていた。自分の部屋《へや》には兄弟も息子も着ている着物のまま入れなかった。一人一人上着をぬがせ、裸体を番人に見せてから、別の着物に着替えさせるほどであった。それでも若いディオンは、この独裁者をプラトンに会わせようとした。プラトンの高説に、老ディオニュシオスも、かれがうけたような感銘をするものと期待したからである。

二人は会見した。プラトンは、独裁者がふつうの人よりも勇気がないといった。さらに「正義の心をもった人びとの生活は幸福であるが、不正な人びとの生活は不幸である」と説いた。ディオニュシオスは、自分が非難されているような気がしたのか、プラトンのいうことをきかず、「どういうつもりでシケリアにきたのか」とたずねた。プラトンはりっぱな人をさがしにきたといった。するとかれは「そんな人はおそらく見つかりませんよ」というしまつであった。これを聞いていたディオンは、プラトンに船でギリシアに帰ることをすすめ、かれもそれにしたがった。プラトンが奴隷に売られたのは、その途中のことである。ディオニュシオスは「この人を殺してもらいたい、殺せないまでも、ともかく奴隷に売ってもらいたい」とたのんだのである。たのまれたのは、スパルタ人のポリスという人らしい。そのとき、ディオニュシオスは、「正しい人であるから、奴隷にされても幸福であろう」といった。プラトンは一度は奴隷にされたが、キュレネのアンニケリスという人が買いもどした、というようなことを、プルタルコスは伝えている。

こうして、プラトンの第一回シケリア旅行は終わった。それはかれの前半生を画している。八〇年の生涯のちょうどなかばである。旅のできごとが数奇な運命にすぎず、それもほんとうであったかいなかはわからないにしても、ディオンとの関係はその後もつづくのであるから、かれの中期から晩年にかけての活動に、かずかずの収穫をあたえたであろう。アテナイにもどったプラトンは中期の活動を開始し、前人未踏の哲学をうちたてるからである。

* 典拠となった対話篇と文献　プラトン『プロタゴラス』『第七の手紙』、アリストテレス『形而上学』、ディオゲネス＝ラエルティオスの第三巻、プルタルコス『英雄伝』の「ディオン伝」、A. E. Taylor, Plato. J. E. Raven, Plato's Thought in the making, Cambridge 1965. E. Bre'hier, The Hellenic Ages, Chicago 1963.

プラトンの活動
——アカデメイア創立による講義と哲学の深化——

プラトンは、すでに三〇歳前後から、活発な活動をはじめていた。それは、ほかのだれにもまねのできないような方向を暗示していた。ソクラテスには、たくさんの崇拝者や弟子があって、それぞれの思想を形成していったが、プラトンの『ソクラテスの弁明』のような著作を残した人は一人もいない。それはかれの『パイドン』とならんで、不朽の名篇である。この二つの書物によって、たんなる伝説上の人物に終わったかも知れないソクラテスが、完全に実在の哲人となったからである。同時にプラトンの名は、確実に哲学史の一頁を飾ることになった。

独　創

かれは「対話」と「散文」を表現することに成功した。すでにホメロスの長篇はあったが、『イリアス』にしても、詩にほかならない。ヘシオドスの『エルガ・カアイ・ヘメライ』(『仕事と日々』)も、一種のエピグラムであった。アイスキュロス・ソフォクレス・エウリピデスも有名な三大悲劇詩人であった。たしかに、これらの人びとのギリシア文化への貢献を見落としてはならない。しかし、「散文」はプラトンの独創といってよい。また、ふつう話している「対話」が、そのものの味と色彩とにおいをもった文字にされることなど、なかなかすぐにできる業《わざ》ではない。プラトンは、このことによっても、文学史上の人となったであろう。さらにその内容をささえているイデアリスムス（理想主義）は、いまでこそ光芒《こうぼう》がうすいようにうけとられるけれども、たえずなにかを求めてやまないわれわれの心を思えば、なんらかの点で、それと符合するものがあるのではないか。

さらにまたかれは「新しい哲学」をひっさげて、われわれの前にあらわれてくる。たとえば、人間は死ぬという「観念」である。それはプラトンによれば不滅である。それは死ぬことが事実となって、われわれをなるほどと思わせるからだけではない。ある一定の方法を用いれば、それを用いたどのような人も、そう思わざるをえないものがあることの発見なのである。この発見は当時においては画期的なことであった。ソクラテスはその先駆者であったが、それをわれわれに知らせてくれたのは、ほかならぬプラトンである。

美しいもの、善いもの、正しいもの、たしかなもの、すべてそれらのうちのその「もの」は、思いつきではえられない。たんに直観されたものでもない。ある思考のすじ道をたどらなければ、「ものそのもの」にはぶつからない。ここに真実とか、ほんとうにあるものとか、実在とかいわれているものを、つかむことのむずかしさがある。プラトンはそれらを、かれのことばでいえば「イデア」を、あくことなく探求する。かれはいくたびとなく真理への旅人となって、そのほかいろいろな哲学上の方法をみつけだしていく。

それればかりではなく、かれはこんにちの大学にもひってきする学校設立の先駆者となった。アテナイにアカデメイアを創立したからである。そこを中心として、講義に、著述に、教育に、かれの独創力がいかんなく発揮される。ここにプラトンの六〇歳までの中期の活動が開始されるのである。

プラトンとかれの弟子たち

アカデメイアの創立

プラトンは紀元前三八七年ごろ、シケリアから故郷アテナイに帰国した。かれの四〇歳のころである。まもなくかれは、こんにちの大学の前身ともいえるアカデメイアを、アテナイの郊外に建てた。この学校は、それからのヨーロッパ精神史の源流となった。あの有名なビオス・ティオレチコス〈観想的生活〉の伝統は、ここにさかのぼる、といってよいだろう。

プラトンはここで哲学を教えた。その入口には、幾何学のわからないものははいってはならない、と書いてあったという。哲学は数学の素養を必要とする、とかれは考えていたのであろう。しかし、授業料はとらなかったらしい。それなら、どのようにして、まかなっていたのであろう。寄付やそれに相当する物は、こばまなかった、とも伝えられているが、くわしいことは不明である。

アカデメイアとは、英雄アカデモスにちなんで名づけられた体育場である。それはアテナイの近くの森のなかにあった。そのそばにプラトンは土地を買った。学校はそこに創設されたのである。それがアカデメイアとよばれ、こんにちわれわれが「プラトンが哲学を説いたアテネ郊外の庭園」といっている、アカデミーの起源なのである。このアカデメイアは、アポロンの神とムウサイ[1]（知的活動の女神《めがみ》）を祭る宗教的な共同団体でもあった。そのことから、プラトンはこの学園をつくるにあたって、南イタリアのピタゴラス教団を、頭においたにちがいない、といわれるのである。たしかに、プラトン以前に学校がなかったわけではない。メガラにはすでにのべたエウクレイデスの学校があった。アテナイにも、イソクラテスの学校があった。イソクラテスは修辞術にすぐれていたばかりではなく、『ギリシア哲学』を書いたJ・バーネットによると、ヒューマニストであった。しかもプラトンは、この人から文体について、たいへん影響をうけたという。しかし、イソクラテスのヒューマニズムは、ルネサンス以来のそれとはちがっているし、プラトンもその内容にひかれたのではない。イソクラテスの特色は、レトリックにある。プラトンはことばを有効に使う。ものごとを適切に美しく表現する。しかし、その力はしっかりした内容にささえられている。イソクラテスからうけた文体によるのではない。もちろん、レトリックの力によるのでもない。そればかりではない。アカデメイアとそのほかの学校とのあいだには、根本的な相違があった。その創立の精神において、その主宰者の偉大さにおいて、その教える方法と内容において、ちがっていた。いうなれば、アカデメイアは「完全の鏡」を目ざしたのである。そこに「創立」ということの力点がある。

1） 単数はムウサ、ムウサイは複数である。文芸、音楽、舞踏、哲学、天文など、人間のあらゆる知的活動の女神。

アカデメイアは九〇〇年の歴史をもっている。それは紀元前三八七年から紀元五二九年までつづいた。ユスチニアヌス皇帝が閉鎖してしまうまで、プラトンの精神はプラトニズムとなって、死ななかったのである。ユスチニアヌスは学校を閉鎖しても、プラトンから流れでた哲学を殺すことはできなかった。しかも、プラトニズムは五二九年に死滅したわけではない。その伝統をささえうけつぐ人びとのなかに、どうしても見のがしてはならないものとして、プラトンはなにをこの時代に形成し樹立しておいたのであろうか。

完全の鏡

ソクラテスはプラトンの鏡であった。なに一つとして、これが正しい答なのだ、といってものごとを断定し教えなかった恩師である。にもかかわらず、そのもっとも深い弟子が学校を建て、多くの英才を教えようというのである。「教えないで教えればよい」のか。それにしてもことばは必要である。教壇に立って沈黙していれば、それだけでプラトンのような詩的・音楽的哲学者には、なにかが暗示できよう。しかしソクラテスは虻《あぶ》にたとえられるほど、あちこち飛びまわって、対話の「おくのて」で人をしびれさせたではないか。かれはどうしてしびれさすことができたのか。プラトンは、詩人も喜劇作家も政治家・商人、ありとあらゆる人を改心の「せとぎわ」まで追いこみながら、逆に殺されてしまったソクラテスを思わずにはいられない。そうすればするほど、国家や政治のことが心身をしめつけるのである。やはり政治は重要である。国家のかなめである。自分はそれを行なう人であることを断念した。たとえ政治家の仕事を、いますぐしなくとも、やがてそれをりっぱに行ない、理想の国家をつくる人材を、教育し養育することはできるであろう。

国家あっての人間である。人間あっての国家ではない。それが当時における都市国家のモラルであったが、国家はあるべき政治家によって、よく国家となることができる。国家は哲人を必要とする。国家のなかに哲人がおればよいのではない。ソクラテスがそのよい見本を示している。哲人が王にならなければ人は救われない。哲人王の実現が国家の理想である。すくなくとも、政治家が哲学をするか、哲学者が政治家にならなければ、理想国は実現しないばかりではなく、人類は心から救われることはないであろう。

この理想国の基本原理は、プラトンがシケリア旅行にでかけるときには、すでにかれの心のなかにいきはじめていたのではないか。ディオニュシオス一世の、おごりたかぶった乱脈な生活を、つぶさに見聞したプラトンは、その原理のまちがっていないことをたしかめたであろう。かれは教壇に立って、その理想の国家を実現しうるような人間を形成しようとした。ことばはいきている。ソクラテスはそれを実験して見せてくれた。思い考えているそのときに話されたことが迫力に富んでいる。真実味をもっている。わからなければ質問もできる。いっしょに考え、いっしょに話しあうこともできる。プラトンはソクラテスの遺産をこのようにひきつぎながら、人間のモデルはソクラテスにある、国家のモデルは自分がつくらなければならない、それは自分のなかに構想されつつある、それを講義することによって将来の政治家を育てつつ、理想国の構図を緻密《ちみつ》にしよう、と努力したかも知れない。理想国はそのことばが示すように、かれの彼岸であった。こうして、その哲人王を主体とするポリス（国家）は、講義されたばかりではなく、ポリテイア『理想国』という書物にまで仕上げられたのである。かれはその大作に、五〇歳から六〇歳にかけての一〇年という年月をかけたとされている。あるいは、それ以前、かれの四〇代に書かれたかも知れない。それもこのアカデメイアにおいて完成されたのである。

学問の殿堂

学問が学び習うことにすぎないならば、知識をつかむことの多い少ないが、おもな関心事となろう。プラトンにおいて、知識はエピステーメーとよばれ、たしかにつかむことはむずかしいものであった。エピステーメーは、ドクサ（自分だけの考え）とは区別されたからである。しかし、アカデメイアは、その知識をつかむ場にすぎないのではない。ということは、プラトンが学問にたいして、もっと強烈な情熱と深い理解をもっていたことを意味する。そのことによってアカデメイアは、エウクレイデスの学校やイソクラテスのそれとはちがっていたのである。

哲学はたんなる知識ではない。しかしそれは知識を必要とする。この必要は生活のそれではない。生活はそれなしにはできない。それとは、たとえば食物である。知識と食物はちがう。したがって、哲学上の必要と、生活上の必要とはちがう。にもかかわらず「必要」ということばは、二つのがわにまたがっている。必要とは「それがなくてはなにかがなりたたないもの」だからである。哲学は知識がなくては成立しない。伝えること、ひきだすことができない。「ああなるほどそうだ」という心の状態は、どうしてそうなったかを同時に知らなければ、伝えられない。もしそれがわかり伝えられれば、だれがそうやっても、「ああたしかにそうだ」という意識を、いくどでも再現できるであろう。しかし、「ああそうだ」というそのことそのものを伝えることはできない。知識はもってまわることも、くりかえすこともできるが、それはあくまでも、もってまわることも、くりかえすこともできないものに到達する手段にすぎない。哲学は「ああそうだ」と心を完全にいっぱいにしたものに向かうのである。もうそれは知識ではない。知識はそれへの通路なのである。だから、哲学は知識ではないが、それを必要とするのである。

プラトンは、だから、ドクサをかたくいましめた。むしろ、エピステーメーを重んじた。しかも、それすらも、こえていかなければ、哲学することにはならない。哲学はくりかえすことも、もってまわることもできないが、それにメテケイン（あずかること）によって、いうにいわれない美と一つになる。しかし、その美をもちこたえることはできない。美と一体化することは、そして、そのままでいるということは、美そのものになりきることであり、それはきょくたんにいえば、ものすごく美しく感じた花そのものになりきることにもひとしい。心においてなりきることはできても、実際に花になることはできない。事実に還元してたとえれば、このようなことになるのであろうが、プラトンのばあいは、ただ一つしかなく、しかも永遠にある、「美そのもの」「美のイデア」へと向かうのである。

アカデメイアにおいてプラトンは、こういう哲学を教え、かれみずからもそれを追求しつづけていく。しかも、教えることよりも、ゼーテーシス（たずねること、きわめること）が主であった。このようにして、アカデメイアは、学習の場であるよりも、学問の殿堂となった。学問が「科学や哲学などの一般的総称」となったのは、おそらくアカデメイア以来のことであろう。プラトンは学問の名にふさわしく、また正確を期するためにも数学を重んじ、それを哲学の基礎とした。かれはまた、いろいろな科学に目を向け、心をそそぐだけではなく、それらを一つにまとめあげる総合の天才であった。

総合の天才

1プラス1は2であることをうたがう人はいない。もはやうたがうことのできないことを、学問のよりどころとすることは、あたりまえなことである。しかし、あたりまえなことをできないのも、人間であることを忘れてはならない。

あれもこれもと欲ばれば、中心が見失われるだけではなく、あれもこれも失う。しかし、中心にあって、あれがなんであり、これとのつながりはどうなっており、自分はなぜそのようなことを考えているのかを自覚している人は、総合の力があることになろう。ニュートンを思い、ガリレイを思いおこしている人が、そうなった心をふりかえると、平凡なことにつきあたる。そのありふれたことが原因であるにもかかわらず、日常のできごとが複雑に見えるのは、頭が緻密だからではない。どうでもよいことに気をうばわれている。あちらこちらと回り道をしている。どうでもよい心理にこだわってしまう。そして、見るべきものを見ていないからである。こういう人間の心理、あるいはほんとうにいりくんだことがらをすっきりさせ、しかもまとまった全体にして見せる力は、総合の才である。プラトンの知識論といわれている『テアイテトス』は、やはり中期の著作とされている。それにはエウクレイデス・テオドロス、さらに中心人物のテアイテトスが登場し、数学の論議をかわす。数と図形の関係、$\sqrt{3}$、$\sqrt{5}$の問題など、ヨーロッパ数学史上最古の文献と

アリストテレス

される「無理数論」までのべられている。それだけではなく、それを書いているプラトンの心中には、「イデア」と数との関連、「イデア」を「1」という数によって説明しようとする、『ポリテイア』そのほかの著作での構想がひめられているのである。

アカデメイアは、ギリシア各地に知れわたった。当代一流の数学者エウドクソスも、一党をひきつれてここに入学したという。紀元前四世紀、アテナイは、完全に学問の中心地となった。プラトンのアカデメイアに入学すれば、最高の知的ふんいきにふれられるばかりではなく、当時の国家をせおってたつ政治家になることもできたであろう。じじつそれにひってきする人物をうみだしたのである。しかしそのなかで、なんといっても、アリストテレスを最大といわざるをえない。かれは政治家とはいえないまでも、万能の学者であった。アリストテレスは、紀元前三八四年ギリシアの北方スタゲイロスに生まれ、紀元前三二二年に死んだ。プラトンのうんだ最大の哲学者である。そのアリストテレスがアカデメイアの門をくぐったのは一八歳のころ、プラトンの年齢は六〇歳ないし六一歳になっていたであろう。プラトンは残る生涯をアカデメイアでの著述と、シケリアでの政治活動にすごし、あの晩年の輝かしい記録をとどめるのである。

＊ 典拠となったおもな対話篇と文献　プラトン『シュムポシオン』『テアイテトス』『ポリテイア』、ディオゲネス＝ラエルティオス第三巻、J・バーネット『ギリシア哲学』

晩年のプラトン

——理想国への情熱と著述——

独　身

　プラトンの晩年は、ふつうの学者のようなそれではない。人は六〇歳をこすと、大きな使命を果たしたような気分になるのだろうか。多くの学者もその例外ではない。一直線に死へ傾斜する人が多い。それとも、肉体の衰弱と、たいしたこともできなかった自分をみじめに思うのであろうか。太陽と空気とお茶や食物が恋しくなり、真の童心に返るのはまれで、だんだんと老化のきざしを濃くしていく。プラトンの晩年はそうではなかった。もっともカントのような、正確無比なきちょうめんさは、伝えられていない。しかし人格者であった点と、生涯独身であったことは似ている。なぜ結婚しなかったのか。その理由について、なにもいわれていない。これからのべるような晩年であれば、そんなひまはないし、またその必要もなかった、と推定するのは早計であろう。ソクラテスには、七〇歳でなお幼児のいたことを、だれでも知っている。しかも、プラトンは情熱的で、新鮮な感覚をもっていた。かれが妻をめとらなかったのは、すでに晩年であったからではない。

　ふつう晩年とは「一生の終わりの時期」とされている。だから「死に近い時期」である。いまわれわれは、プラトンの晩年を、紀元前三六七年から描こうとしている。このかれの六〇歳のころは、死に近くも、終わりの時期でもない。かれが死ぬまでには、まだ二〇年の月日があった。これからかれはたいへんな働きをし、生涯を劇的に終わらせる力さえもっていた。かれは若いころ同性を愛し、女性に恋をしないわけでもなかった。それらを深く考え、エロスについて書いた傑作を残している。だから、かれには特別な事情があり、そのためにひとり身をおくらなければならなかったのではない。われわれがふしぎに思うのを、プラトンが見れば奇妙に思うほど、かれにはわれわれのはかり知れない信念があったのかもわからない。それは変なありきたりのことではないのであろう。その一つは「プラトニック－ラブ」にあるのかも知れない。肉欲をかるく見、さげすんだのではない。かれの哲学がそうさせるのであろう。信念とむすびつかない哲学は、嘘《うそ》である。ことばだけのことにすぎない。かれはそのように攻撃されるのを恐れたのではない。知を愛し求めることを、生命をかけて行ない、それによって、無上の「喜び」をつかみ、理想国の実現にも、その機会をのがすまいとする姿勢をくずさないプラトンである。

われわれは、プラトンが六〇歳になったのだから、独身の理由をたずねても、もうよいだろうと判断したのであるが、その秘密をあかせずにいる。すくなくとも、その真の理由の一つが、かれの哲学のなかにあっ

ギリシアの家族
(夫・妻・娘)

たことはたしかであろう。愛することはたいへんであり、かれはひじょうにぶしょうだった、などとだれもいっていないし、むしろかれは端正であったとされているのである。ソクラテスが死刑になったとき、かれの妻クサンチッペがすごい悲しみにおそわれ、多くの人の前で涙を流したことをプラトンは耳にし、自分にはそういうことが起こらないように、と生涯独身でいることを決意したのでもあるまい。むしろプラトンには、われわれがこれらのことを詮索《せんさく》して、なおあまりある情熱があった。それはじっさいに政治を行ない、政治家として活動することへの熱情の再燃であったのである。

情　熱　プラトンには、六〇歳をこえてなお、青年時代に断念したことを実現しようとする意欲があった。その迫力は、たしかにすばらしい。三〇数年のあいだ、同一の対象へのなんらかの努力を怠らなかったからである。政治への持続力のあかしであり、それには、驚嘆させられるほかはない。かれはアカデメイアで『理想国』を書き、政治の根本原理をつかみ、それらを実現すべき政治家の卵を養ってきた。しかし、六〇歳のかれは、いま自分からそれにのりだそうとしている。哲人王の実現をはかろうとしている。それはいわゆる野心ではなかったのである。明らかに理想の実現なのである。

プラトンは四〇歳のシケリア旅行からずっと六〇歳まで、いつも政治への情熱を失わなかった。それは分不相応の大きな望みであったわけではない。害をしようとする心のあらわれでもない。たとえかれが、これからのべるように、シケリアでの哲人王の実現に失敗したからといって、それは野心にすぎなかったからだというならば、それこそ結果論に終わるであろう。第二回のシケリア行きは、ディオニュシオス二世の、いやディオンの切なる求め、懇願《こんがん》によるのであった。現実に王の位置にある者が、この人ならこの哲学者なら、危急存亡の状況を、突破し打開するプランと実行力があるにちがいないと期待し、それがプラトン以外にはない、と認定されたのである。二〇年前にまいた種子《たね》がみごとに実った、というようなものではない。四〇歳のかれが、すでにそのとき将来の政治の識見をかわれ、あの哲学者ならば、二〇年後のこんにち、さらに成長し、ものすごい構想と実践力をひっさげてやってきてくれるにちがいない、と評価されたことを意味するのである。あのときのディオンも四〇歳になっているはずである。プラトンはそう思いながらも、行こうか行くまいか、というためらいをけっして忘れたわけではない。その「ためらい」は、くわしくいえば、どういうものであったろうか。

要請

シケリアのディオニュシオス二世は、三〇歳になっていたが、教養の不足のため、性格がかたわとなり、いじけていた。それを見たディオンは、第一流の哲学者の弟子にしようとした。徳の教えにかなうように、その性格をみがき、あらゆる存在のなかで、もっとも神聖で、もっともりっぱな模範、すなわちイデアにならい、似るように願ったからである。もしそうなれば、すっかり沈みきっている市民に、思慮と正義の心をもって、父親のような恵みを与えられよう。しかも、独裁者から真の王となって、市民たちに大きな幸福をさずけることができる。プラトンはこの王の教育者に選ばれた。まさにかれは第一流の哲学者であったわけである。

鋼鉄の鎖《くさり》というものは、恐怖とか暴力、船の数とか、なん万という軍隊ではなく、好意、熱心、徳、正義によってうまれる恩恵である。統治者は、たとえきらびやかな衣服を身につけ、はなばなしい生活をしても、態度やことばに威厳がなく、精神が王者にふさわしい飾りをそなえていなければ、不名誉でみじめなものになってしまう。

ディオンは、こういうことを、王にたびたび話したのである。そういうかれはプラトンの弟子にふさわしくみごとに成人した。ディオニュシオス二世もその気になり、プラトンの指導を待ちわびるにいたった。その手紙がいくつもプラトンにだされた。そのうえに、イタリアのピタゴラス派からも、プラトンへ要請の手紙がとどいた。もはやプラトンの到着を待つばかりになった。しかし、シケリアの状勢はそう単純ではなかったのである。

この要請をうけたプラトンには、ディオンが善美な生活を意欲しているあとが、はっきり感じとれた。そのうえに、かつてのディオンがそのように努力した姿の想《おも》い出があった。もしディオンの思惑どおりになるならば、殺人や死罪や禍悪をともなわずに、幸福で真の生活が全国土にきずかれるはずである。しかし、プラトンには、ためらいと不安があった。さらにディオンから使者が送られ、「どんなことをさておいても、できるだけ早く来てほしい」との求めがあった。「われわれは神が与えた偶然ともいうべきものによって、じっさいにつかんだこの好機より以上の機会を、さらに待とうというのでしょうか」とディオンはつけ加えているほどである。またかれは、「同一の人びとが、哲学者であるうえに、大国家の主宰者となる、われわれの待望の、完全な実現が、もしあるとすれば、いまこそまさにそのときであろう」といっている。

それでもなおプラトンには、一瞬の逡巡《しゅんじゅん》があった。若い人の気持ちは変化が激しい。移り気である。いま考えていることとは正反対なことに転移することがある。しかし、ディオンの魂は、生まれつき重厚であり、年齢も熟している。そう、法律とか国家の制度について、自己の考えを実現することを、くわだてているかぎり、やはり行かなくてはならない。いまこそ理想の国家を建設するように試みなければならない。そしていまのばあいは、ただ一人を説得することができれば、望んでいるすべてを、なしとげることになるのではないか。

赴《ふ》任《にん》

プラトンは勇猛心をふるって祖国アテナイをあとにした。かれにはなみなみならぬ決意がひめられていた。人間としてなしうる最善をつくそう。道理にしたがい、公正の示すところをとろう。アカデメイアでの人に恥じない仕事も、一応このさいはすてよう。そして、わたくしの説にも、わたくしという人間にも、むくとは考えられない僣主政治、そのもとに赴任しよう。

この赴任は、だから、次のようにいわれるかも知れないことを、おそれるためではない。「プラトンはことばだけの人である。いかなる現実にも進んでふれようとしない。大きな危険にさらされている、ディオンとその人格、識見などをみぬいたうえでの厚い待遇と、友情にたいして、裏切りをあえてしようとしている。」ましてディオンは、プラトンに次のようにいっているのである。プラトンはそう思い、また想像もして、ある人びとの憶測をみずからしりぞけようとする。「プラトンよ、わたくしがあなたを必要としているのは、あなたの言説であり、説得なのである。敵を防ぐために、歩兵がいるとか、騎兵が必要だとかいうのではない。若い人びとを、善い正しいことに向かって、転心させる力である。あなたは、いつのばあいでも、かれらを友愛と友情のなかにおく力を、すべての人にまさってもっておられるからです。」

紀元前三六七年、プラトンはアテナイからシケリアに到達した。そこで驚くほどの歓迎をうけた。好意と尊敬に満ちていたからである。王家の車が迎えにきた。ディオニュシオス二世は、かれの支配権に偉大な幸運がさずけられたといった。食事もつつましく、王をとりかこむ人びともうやうやしい。王自身もおだやかである。プラトンは、市民の改革ができるのではないか、との希望をもった。ほとんどのものが哲学の議論に夢中になった。幾何学をするものも多くなった。そのために、宮殿から埃《ほこり》が舞いあがった。図形を描くために床の上に砂をまいた。それが舞いあがったのである。われわれは、プラトンの心中を思わずにはいられない。しかし、そのうるわしい情景は、数日も続かなかったのである。

ディオニュシオスの周辺は、徒党争いでいっぱいであった。王・ディオン・プラトンの結束をねたむものがうまれた。そういう人たちはまず、ディオンの努力により、プラトンがやって来、この宮殿の盛況がもたらされたと、ディオンをなきものにしようとする。そしてあること、ないことを王に告げる。プラトンはできるだけディオンをかばった。しかし、その力はおよばなかった。四か月位たった。ついにディオニュシオス二世は、ディオンを追放の刑に処してしまった。ディオンは「僭主の位をうかがう」という罪に問われたのである。われわれはふたたびプラトンの心中を思わずにはいられない。まもなくプラトンもアクロポリス(ここでは城の中)にとじこめられてしまったからである。

しかしディオニュシオスは、プラトンを徹底的にきらったのではない。むしろプラトンにながくふみとどまっていてほしかったのである。それにはディオニュシオスにも願いがあった。「プラトンがかれをディオン以上に賞讃し、ディオンよりもはるかに親友とみなすこと」である。もしプラトンがそうすれば、ディオニュシオスはプラトンに独裁政権をまかせよう、との心であった。プラトンには、かれをほめたたえ親友にしたい意志はあった。それには、ディオニュシオスがプラトンの哲学を聴講し、その議論もし、自分からそれを研究して、プラトンに親しく交わるのでなければならない。もちろん、プラトンも、なんとかしてディオニュシオスが哲学的生を要望するようにならないものかと、初めからの信念を守って、あらゆる努力をした。

そうしているうちに、紀元前三六六年の秋、シケリアと南イタリアのルカニアおよびカルタゴとの間に戦争が起こった。ついに、プラトンも、滞在一年にして、むなしくアテナイに引き返すことになった。ディオンにたいしては、さらに哲学を深化徹底させるため、アカデメイアに出入りさせたのである。

挫《ざ》折《せつ》

シケリアを去るプラトンの心中はむなしかったであろう。しかし、そのとき、かれとディオニュシオスとの間には、「平和になったばあいには」という約束があった。シケリアが安心できるようになったら、プラトンと追放しているディオンをよびもどすというのである。プラトンもそれを条件として、再来を約束した。

シケリアに平和が回復した。ディオニュシオスは、ふたたびプラトンに使者をたてた。しかし、ディオンをよびもどすことは一年間待ってくれという。それでもディオンは、プラトンにぜひでかけてほしいとたのむ。ディオニュシオスが、ちかごろふたたび、哲学へのたいへんな情熱を示している、というのがおもな理由であった。さすがのプラトンも、今度は安全の策をとらざるをえない。「わたくしは老人である。しかも現在とられようとしている措置は、まったく協定を無視している」と一応ことわったのである。

プラトンはたしかに第一級の哲学者である。「私の任務は真実を語るにある」と断言する。かれはもし行かなければ、ディオニュシオスの素質や能力を軽侮《けいべつ》している、と思われやしないかとためらう。そうしているうちに、またまたディオニュシオスから用意周到な手紙がくる。それには「もしあなたがシケリアに来てくださるならば、ディオンの件は、かならずあなたの意のままにいたしましょう。しかしわれわれの要請を聞きいれてくれないばあいは、ディオンの件は、一身上、ほかのこと、いずれもなに一つ不満足な結果になるでしょう。」とある。さらにピタゴラス学派の代表的哲学者・数学者・政治家のアルキュタスを初めタラスの人びとからは、ディオニュシオスの哲学をほめ、ふたたび芽ばえた友情は、政治の面で大きな意義をもつ、との手紙がついた。プラトンは、ディオンを初め、タラスの知己・同志を裏切ってはならない、との結論にまたも悩まされるのである。そして次のように思う。若い人びとは、あこがれをもっている。それにはそのきっかけが必要である。学問的な素質のある人ならなおさらである。わたくしが話をして、それを聞いたものが、よりよい生涯にあこがれるかも知れぬ。だから、ディオニュシオスが、哲学への情熱を再燃しているとすれば、その真否を確かめる責務がある。もしかれがほんとうに哲学をしようとしているのならば、行かぬことは重大なあやまちを犯すことになる。こうしてプラトンは、行くべき必然性を、みずからも発見する。

紀元前三六一年、ついにプラトンは三度目のシケリア行きを決断し、二、三の弟子をつれて実行する。六六歳のときである。その弟子のなかには、プラトンのアカデメイアの後継者スペウシッポスがいた。ディオニュシオスの喜びはたいへんなものであった。すべてのものが、プラトンのために全力をふりしぼっている。しかも、ディオニュシオスは、だれにも許さない信任をプラトンに与えた。さらに多額の金をかれに与えようとした。しかし、プラトンはうけとらない。たくさんもらいたがる人には少ししか与えず、少しもうけとろうとしないプラトンにはたくさん与えようとした、などと伝えられている。

プラトンの気分も悪くなかった。さっそくかれは、ディオニュシオスの哲学への情熱の真偽を吟味しにかかった。プラトンほどの哲学者になれば、その方法をわきまえている。ほんとうに哲学をしようとするものは、真の哲学にふれたばあい、すばらしい道である、全力でこの道を歩まねばならぬ、この道にうちこむ以外の生は生きるに値しないと信ずるようになるという。しかしディオニュシオスは、それほどでないことが、プラトンにはわかってきた。むしろ、かれは、プラトンのいうことが安易である、とうけとっているかのようにみえる。さらに、哲学は自分のおよばないたいへんな仕事だ、自分は知恵や徳に気をくばって生きていくことの全くできない人間である、といっているかにみえたのである。プラトンには、またしても、ふみとどまる理由はなくなってしまった。ただ心に残るのは、ディオンとその財産のことである。プラトンが三度シケリアに渡ったのは、終始、愛《まな》弟子《でし》ディオンのためであったかの印象すらあたえる。かれはその財産からあがる金の配分について、ディオニュシオスが自分できめた、それすらも、プラトンとの約束にもかかわらず、みずからあざむいてしまう。さらにディオンが、王位をねらうものと誤解し、かれの妻をうばい、ほかの男と結婚させるというしまつであった。プラトンがシケリアにふみとどまるレーゾン-デートルは皆無《かいむ》となった。ここに、プラトンの理想国実現の理想も、完全に挫折《ざせつ》するにいたった。

シケリアの硬貨

もちろんプラトンは、『理想国』に書いたそのままを実現しようとしてシケリアにでかけたのではない。しかし、できるだけそれに近いものを、との希望はもっていたであろう。紀元前三六〇年夏、プラトンは失望の身を、アテナイに運ぶのである。帰るときディオニュシオスは、「あなたは、さだめし、わたくしのことを、哲学者のなかまに、ひどくいうのでしょうね」とプラトンにきいた。かれは「いや、アカデメイアでは、あなたのことまで、口にするほど議論にことかきません」と答えたという。プラトンは、それ以来、決してふたたび、シケリアに渡ることはなかった。

精魂

プラトンはふたたびアカデメイアの哲学者となった。すでに六七歳である。それからは学園での講義と著述に専念する。よる年波や失敗の歴史に消沈することはなかった。愛弟子ディオンはその後もなにかとたよってきたが、すべて助言にとどめた。

すでにそのころ、アリストテレスはアカデメイアに入学していたはずである。プラトンはシケリアから帰ったとき、この新鋭に新たな目をみはったかも知れない。「アリストテレスにはたずなが必要だ」といわれるほどの俊敏だったからである。かれは最深の尊敬をプラトンにいだき、心から慕い信頼してやまなかった。そのように、ギリシア哲学を代表する三巨人、ソクラテス・プラトン・アリストテレスには、それぞれの邂逅があったのである。

アリストテレスは医者の子であったが、ものすごい読書家で、アカデメイアの書庫からプラトンの『パイドン』をみずから見つけだし、深甚《しんじん》な影響をうけたという。かれの「テオリア」（観想）の精神は、そっくりプラトンから恵まれたともいわれている。観想は「自己の心情について真の姿をとらえようと、心をしずめて深く思い入ること」にはちがいない。しかし、「テオリア」は「真の姿」を、なにものにも支配されたり、影響されたり、動かされたりしない、絶対にそれだけで存在するものに発見する。つまり、見る見られるものが一つになって活動そのものとなり、もしそれをふりかえってみれば、無上の悦楽と思える。それがテオリアであり、いうなればプラトンの理性とイデアとのつながりのアリストテレス的変形なのである。われわれの魂とイデアとの関与の次元が、テオリアといえるだろう。そこにソクラテスの魂の不死、プラトンのイデア、アリストテレスのテオリア、という一連の「存在」とわれわれとのあいだに成りたつ認識の世界がある。

しかし、プラトンとアリストテレスでは、よってたつ根拠の相違があった。ものの見方、考え方をささえているものにおいて別人である。プラトンは数学を熱愛した。アリストテレスは生物学を熱愛した。かれのほうがプラトンより現実的であった。プラトンはアテナイ人であり、アリストテレスはギリシアの北方スタゲイロスの人である。「学」は「すべての人に共通するもの」、「だれが考えてもそうなるもの」を目ざす。目的は一つである。しかもそれへの迫り方、それのつかみ方がちがうのは、その思想家の生涯の異相にも起因する。さらに見のがせないのは「精魂のこめ方」である。その点では、ソクラテス・プラトン・アリストテレス、三人とも哲学にうちこんだことにおいて一致している。

だがこのころのアリストテレスは、それこそずばぬけた才能をもっていたにせよ、プラトンに抱かれていたようなものである。紀元前三五七年ごろ、七〇歳のプラトンは、シュラクサイにおけるディオンの革命の成功を知らされる。暴力を好まず、あくまでも精神による現実の改造、「理想国論」を主体とする、倫理的

アリストテレスとプラトン（右）

変革を強調したプラトンは、この知らせをほんとうに喜んだかどうか。それから数年もたたないうちに、プラトンは、ディオンが暗殺されたことを知らなければならなかった。紀元前三五三年、プラトン七四歳のときである。年齢のひらきは二〇歳位であるから、ディオンはまだ五四歳位であった。この苛酷《かこく》な現実と、果たせなかった善美な国家像は、プラトンの頭のなかで、『ノモイ』（法律）や『政治家』への脈絡となったであろう。『ノモイ』はかれの晩年における未完の大作だからである。

プラトンの生涯は、あますところ六年となった。かれは死を予期したのであろうか。それともディオン一族へのあたたかい思いやりからであろうか。自叙伝を残そうとしたのであろうか。紀元前三五二年、七五歳のプラトンは、精魂こめた『手紙』を書くのである。その初めには、「プラトン、ディオンの遺族、同志諸君の幸福を祈る」とある。これが有名な『第七の手紙』であり、プラトンの自叙伝といわれるものである。かれの哲学的信条とポリテイアへの情熱と人間性がいかんなく発揮されている。「自己について」語ることのあまりにも少なかったプラトンにしてはめずらしい。死期が迫っていたからであろうか。それとも死を予期してのことであろうか。まもなく死がやってくる。しかし、なにごとにつけ、全精魂をうちこまずにはいられない、誠実な真の哲学者プラトンも、ソクラテスとはちがって、死にうちこむことはなかったようである。

静　死

プラトンの死は、われわれに多くを語らない。ソクラテスとは対照的である。資料がないということは、その唯一の証拠にはならない。八〇歳の生涯は短命ではない。むしろ長命である。晩年のみならず、その活動は不滅である。「ポリテイア」「イデア」「ノモイ」、それぞれ栄光の名をほしいままにする。だが、かれの死は偉大ではない。かれは生きているときからすでに「哲学者」として光っていた。業績が巨星にひとしいのである。それだけで死はすでに準備されている。その意味でかれの死は、「静死」でさしつかえないし、またそうであった。

われわれは、ソクラテスが死刑になってから、プラトンがメガラに逃げたことを、思いおこす。そして、かれはなぜ逃げたのであろう、と詮索《せんさく》する。ソクラテスの影響をうけたこと、あれほど深いプラトンであれば、危険をさけるよりも、それに立ち向かうべきではないか。恩師を殺した無頼《ぶらい》の徒をそのままにしておいてよかったか。それにしてもあまりにもプラトンは若い。ソクラテスですらできなかったことを、どうして二〇代のプラトンにできよう。投票による判決だから、どのようにしても無理である。いやそうではなくて危険をさけたことが問題なのである。ソクラテスの深甚な反映とは第二のソクラテスをうみだす病根を、退治することであろう。しかし、そのことをここでうんぬんしようというのではない。プラトンの死をそこまで考えるのは酷であろう。ただ「劇的な死」と「静死」との、よってきたる原因が、すでに青年プラトンにあったのではないかといいたいのである。「哲人の死」と「哲学者の死」の遠因は、若き日にすでに芽ばえていた。

プラトンの生涯は哲学者の模範である。ソクラテスの生涯は哲人の模範である。この哲学者と哲人の色彩は、異彩と光彩に色分けできるであろう。プラトンのばあいは死に関係なく光彩を放つ。ソクラテスのばあいは、死によって偉大となり、異彩を放つ。ソクラテスには死が「必要」であり、プラトンには「必要」でない。自然が、あるいは生命が与えた死と、人間が社会が国家が与えた死はちがう。ソクラテスの死は、与えられた、いうなれば殺されたそれであるが、にもかかわらずかれは、それを求めていたのである。だから殺されたことにもならないかも知れないのである。「必要の死」は求め与えられなければならないが、そうでない死はまさにその必要がなく、不必要にやってくるのである。プラトンの死は、そのようにやってきた死であった。

紀元前三四七年、プラトンの生命は、この世から消えた。プラトンは書きながら死んだ。いや婚礼の席で死んだ。病気であった。あまりにも魂を酷使したためである。そう、かれは、トラキア人の音楽を聞きながら、神のごとき人格にふさわしい、静かな眠るような死を死んでいった。そのように、いろいろ伝えられているが、かれの死はそれだけ不明なわけである。死の情景についての確実なものはないといっていい。白鳥のように美しく静かに去ったであろうか。いかなる死にかたであれ、プラトンのばあいは、死によってかれへの評価が変動するものではない。八〇年の生涯は、その足跡が、すべて多彩な対話篇で色どられている。

＊　典拠となったおもな文献　プラトン『第七の手紙』、プルタルコス『英雄伝』（ディオン伝）、L・エデルシュタイン『プラトンの第七の手紙』（ブリル　一九六六年）

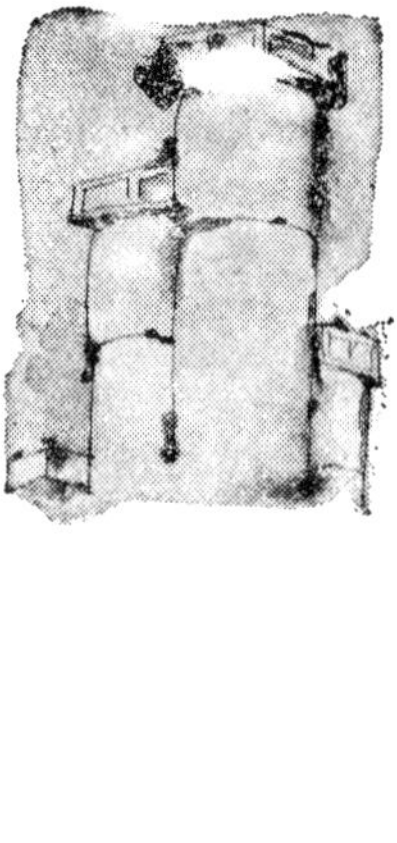

プラトンの著作

——多彩にして巨視的——

動機

書物はそれを書いた人の性格と思想をたんてきに物語っている。だから、その人を知る最良の方法は、その人の書き残したものを、手がかりにすることであろう。しかし、その人が純化されていることに注意せねばならない。偉大な人の生涯は、死後ますます伝説めいた逸話がうまれるものである。しかし、われわれのプラトンについては、そういうものが、あんがいにすくない。その大きな理由の一つは、かれの全著作が完全に現存し、多彩な光を放っているからではないか。

たしかにプラトンは、自分について語ることのすくない人であった。かれの性格がつつしみ深い人柄であったからかも知れない。それだけに、かれの裏面は、氷山のように、われわれにかくれている。だからといって、ほかの人がかれについていったことが、すべてほんとうであるとはいえないし、ましてあまり語られていないのだから、それにはそれなりのなにかがあったはずである。なにをいっても、プラトンの著作が、かれについての伝承を、はるかにうわまわってしまうので、多くの人の口をふうじてしまったかもわからない。それほどかれの書いたものは、燦然《さんぜん》としているのである。もしわれわれが、かれを知る最大のよりどころは、かれの著作にある、という仮定にたてば、容易にかれを近づけることができる。しかしそれは、あくまでも仮定にすぎない。かれの全著作がわれわれの目の前にあるから、かれが完全につかめるとはいえない。かれに接近し、かれを白日にさらすことができるかも知れぬ、という可能性にすぎない。その人の文章は、その人を語るのか、その人の思想を語るのか、という問題があるからである。さらにかれの著作は深い奥ゆきと哲学だけの世界をもっている。これらの問題は、それを書いた人が哲学者だから、というだけでかたづけてしまうわけにはいかない。

プラトンは『第七の手紙』で、じつに重要な発言をしている。それは解釈と理解の仕方によっては、かれの哲学と生涯を決定してしまう、といってよいほどの意味をもっている。哲学は真実を追求する。それは「真理の探求」といってもよい。その「真実」とか「真理」は、いまでこそ人の口から口へ、ほんとうに心から心へではなく、いいふらされて、その影がうすれてしまっている。しかし、紀元前四世紀のプラトンの時代には、厳然たる光に満ちていた。かれの哲学の中心はイデア論である、とひとくちにいわれるほど、イデアはそう単純なものではない。イデアはなかなかつかむことはできない。それをつかむこと、完全につかめないにしても、それを探求することが哲学であった。しかし、プラトンは、『第七の手紙』で、哲学については なにも書かないし、おそらく、これからも書かないであろうというのである。

すると、哲学＝イデア＝哲学者、というプラトン独自のラインがあやしくなってくる。プラトンはイデアについて語った。イデアということばを直接用いたところは、思ったよりすくないにしても、「ほんとうにあるもの」はイデアではない、などということはできない。それについては書かないし、いわないというのであれば、われわれはなにをもってプラトンを哲学者というのであるか。明らかに重要な課題である。だから『第七の手紙』ですら、ながいあいだプラトンの真作であることが疑われてきた、と結論することはできない。そのなかには「哲学については書かない……」のことばがあるからである。それなら、かれはいったいどのような動機であれだけの著作を書いたのか。それらは哲学ではなかったのか。

それぞれの書物、対話篇には、それぞれの副題、たとえば「知識について」のように、いうなれば、見出しのようなものがついている。またつけることができる。それは後世の人がそう名づけたにせよ、それなりの動機と内容への吟味が行なわれていたのである。だから思い出すままにプラトンがことばをならべたのではない。かりにそうしたにしても、プラトンには、集中的・持続的に心を完全に占領してしまうものがあった。それこそソクラテスなのである。「ソクラテス的対話篇」とよばれるように、その内容と動機と筆の進め方において、それこそソクラテスと一体化しているものがある。『ソクラテスの弁明』『クリトン』『パイドン』みなそうである。これに『饗宴』がくわえられて、ソクラテスの四大福音書といわれているほどである。たしかに、それらを読めば、ソクラテスの全体像すら、その人なりにつかめるのである。執筆の最大の動機は、ソクラテスにあったことが明白である。

影像

それにしても、プラトンには独特な考えがあったといわねばならない。ものを書く姿勢において根本的である。かれの著書は、まことに多様であるが、そこにはいつも二つの構想がいきつづけていたように思われる。いずれにしても、書いたものは、真実の影だという意見である。もう一つは、恩師ソクラテスを正確無比に記述し、そのたぐいまれな哲人の生涯と思想を、後世の人に伝えるという決意である。

かれは若いときから書くことが好きであり、得意でもあった。劇作家としての資格も十分にあった。『プロタゴラス』篇は、その天才をいかんなく発揮したものと公認されている。芸術的才能も豊かであった。詩人の感覚にも恵まれていた。したがって、これだけでも、ソクラテスを描く力はあった。そのかれの重心をなしていたものが哲学であり、それについては書かないというのであるから、ソクラテスについてのべたか、哲学以外の諸学について覚え書きをしたということにもなろう。「ソクラテス的対話篇」といわれるように、晩年の『法律』その他をのぞいて、ほとんどソクラテスが中心人物として登場する。それにしても、書かれたものは、なにかの影像にすぎないとすれば、ソクラテスの影像が文字化されていることにもなる。だからプラトンは、生きた影像にすべく、生時のソクラテスそのままを叙述しようとして、「対話」の形式を選んだのである。選んだというよりも、ソクラテスに近くと心がければ、それだけその形式の深化となった。ソクラテスに関するかぎり、ソクラテスの「影像」は、われわれには「映像」としてうけとれるまでに描写されている。かれの書いたもののどれ一つを読んでも、ソクラテスの影を追わされていると思う人はいないであろう。

しかし、かれの著作がこれだけの動機で執筆されつづけられたのではないだろう。そのあいだに、プラトン自身が哲学したのであり、アカデメイアで講義もしたのである。だから、かれの著作には、「ソクラテスを描写するということ」「哲学をするということ」「ものを書くということ」「講義をするということ」「いかによく生きるかということ」などが、からんでいたはずである。このなかで、われわれがもっとも注意しなければならないことは、ソクラテス問題を含めて、講義と著作の関係である。

『第七の手紙』のなかでいわれた、「哲学については書かない……」が、プラトンの真の告白であり、それがたんにディオンの遺族にだけいわれたものでなく、さらに書かれたものは、たとえ真実についてにせよ、それの影像なのだとすれば、かれは真実そのものを、どういう形と方法で追求し表現しようとしたのか。おそらく講義では語ったに相違ない。だから、かれは、著作は公にするつもりで、講義はそれだけにするつもりで行なったのではないだろうか。もしそうなら、プラトンの講義は「書かれざる哲学」といわなければならない。

かれの哲学は「書かれたもの」と「書かれないもの」とに分けられるかも知れない。文字に表現されたものは、あくまでも哲学の方法であり、そのかぎり哲学そのものではなく、哲学の影像である。「弁証法」にせよ、定義、名辞、知識もそうである。知識の対象であり、かつ真に存在するところのもの、すなわち哲学そのものは、「書かれないもの」であった。それは講義されたものであった。あくまでも、かれの生きたことばで弟子たちに語られ、そのときにおいてのみ真実の次元を示した。したがって著作のなかでは、なにごとにつけ、結論があたえられず、「……であろう」という推定の形をとったのである。以上のようならがった想定ができるならば、たしかにプラトンは「書かれたものは、それぞれの真実についての影像である」と考えていた、といえるかも知れない。しかし、それらは、あくまでもわれわれの推定である。その内容については一応別としても、これらの問題をはらんでいる著作には、当然のことながら、それぞれの書かれた時期があった。

時期

プラトンの著作にまつわる問題は、さまざまである。その著作年代も推定にすぎない。完全な成立順序がわかっているわけではない。だいたい初期・中期・後期に分けられ、それぞれの時期に書かれたもののように、あてはめられている。ある学者は初期と中期のあいだに、過渡期をおいている。初期はソクラテスの刑死前後から四〇歳ごろまで、中期はアカデメイアの創設から六〇歳ごろまで、後期は第二回シケリア旅行から八〇歳の死までとされている。

もしこの三つの時期のいつなん歳のときに、どの対話篇が書かれたかが完全にわかれば、発展史的な思想の追跡が可能となり、かれの哲学体系を組み立てることもできるかも知れない。しかし現段階では不可能である。だから諸説ふんぷんとして、イデア論だけが、かれの中心哲学のようにうけとられているともいえよう。たしかに『ポリテイア』は中期の大作であるばかりではなく、かれの全思想が開花しているようにみえる。しかし、プラトンには、「パリン・エクス・アルケース」（もう一度初めから）、という情熱と決意のもとに、きわめてねばり強いそれぞれの真理への攻撃が試みられているのである。それがソクラテスを中心とする実在の人物をとおして行なわれる。だから各時期の対話篇の特色を、ひとことできめることはできない。たとえば、『パイドン』のようなソクラテスの死の描写が克明であり、ソクラテスの死生観がすぐれてのべられている作品にしても、中期に書かれたとされているからである。この霊魂不滅論は、ソクラテスの死刑後、まもなくできあがったと感じさせるような新鮮さをもっている。ただ、プラトンのイデア論が散見される意味が問題であり、気になるくらいである。

執筆の時期、成立順序は、思想の追跡にかかせない問題であるが、プラトンの評価を左右し誤らせることもない。これを思想と平行して考えれば、P・フリトレンダーのように、初期をさらに四つのグループに分け、その内容によって配列するのも一つの考えであろう。しかし、あまりにそれを固執すれば、中期の作品が『シュムポシオン』と『パイドン』と『ポリテイア』の三作と固定されてしまう。そしてP・フリトレンダーは後期を二つの著作グループに分け、弁証法と神話、法律などへの言及にこだわったので、『テアイテトス』『パルメニデス』も、後期の著作に入れられたのである。だから内容による分類はできるが、あまりにそれにこだわると、執筆時期の問題がおろそかにされる。いずれにしても、著作の時期と思想のつながりは、そう単純ではないのである。

しかし、プラトンの思想の生成と形成の問題は、著作の時期と講義とがむすびついているので、軽視できない。それにしても、すべての著作が「ソクラテスの記録」だとはいえないだろう。プラトンの魂にまかれたソクラテスの種子が芽ばえ成長することはたしかであるが、それがどこまで内容を規定するかは疑問としなければならない。果たして『ポリテイア』の全内容がソクラテスのものであるか。P・フリトレンダーのように、初期は「真実」と「友愛」と「善美」の時代、という構想のもとに、それらにみあう対話篇をAグループとしてあげるのも、あくまで一試案であり、決定論とはいえない。ましてプラトンの著作は、講義草案がまとめられたものでないだけに、いつ、どこで、なにが、いくつのときに書かれたかを断定することは、それこそアポリア（難問）といわなければならない。

著作

いまから二千数百年も前に書かれた、プラトンの現存の著作にも、真作と偽作の問題がある。かれの著作は三六篇伝えられているが、そのうち数篇が偽作とされ、三〇篇前後、あるいは二八篇が真作とされている。ほかに碑文とか、叙事詩、三〇数篇の断片などが残っている。全作品のうち『ソクラテスの弁明』と『書簡集』をのぞいたすべてのものが、対話の形式で書かれている。その文体は散文である。しかし作品は一種の劇ともうけとれる。一応われわれは、プラトン研究家P・フリトレンダーの成立順序と配列にしたがって、プラトンの著作をあげてみよう。

かれは初期を、A・B・C・Dの四グループに分ける。A群は「真実」「友愛」「善美」の見出しのもとに、次の七篇をあげている。ここでわれわれは全著作にとおし番号をつけておくことにする。

1『プロタゴラス』（ソフィスト）
2『ラケス』（勇気について）

3『トラシュマコス』
4『カルミデス』(節制について)
5『エウチュフロン』(敬虔《けいけん》について)
6『リュシス』(友情について)
7『大ヒッピアス』(美について)
初期のB群を「哲学者」「ソフィスト」「詩人」として、次の四篇をあげている。
8『ヒッパルコス』
9『イオン』(イリアスについて)
10『小ヒッピアス』(偽について)
11『テアゲス』
初期のC群は、「自己表現と哲学的変装」の見出しのもとに、次の五篇があげられている。
12『ソクラテスの弁明』
13『クリトン』
14『エウチュデモス』(争論家)
15『クラテュロス』(名辞の正しさについて)
16『メネクセノス』(追悼《ついとう》演説)

初期のD群は、ロゴスの確立ともいえる、次の三篇である。

17『大アルキビアデス』（人間の本性）
18『ゴルギアス』（弁論術について）
19『メノン』（徳について）

中期の作品としてあげられているものは、次の三篇である。

20『シュムポシオン』（美について）
21『パイドン』（霊魂不滅論）
22『ポリテイア』（理想国）

後期著作のA群に、P・フリトレンダーは、「弁証法」というタイトルをつけ、六篇をあげている。

23『テアイテトス』（知識について）
24『パルメニデス』（イデアについて）
25『パイドロス』（恋愛について）
26『ソフィステス』（有《あ》るものについて）
27『ポリティコス』（政治家）
28『フィレボス』（快楽について）

後期のB群は、神話と法律の名のもとに三篇があげられている。

29『ティマイオス』（自然について）
30『クリチアス』（アトランチス物語）
31『ノモイ』（法律）

これらのプラトンの著作のなかで、『ヒッパルコス』『テアゲス』『大アルキビアデス』は、偽作と疑われたことがある。もしそうなら、かれの書物は二八篇になる。しかし、このほかに一三通の『書簡』があり、『エピノミス』（法律後篇）、『クレイトポン』などが数えられているのであるから、真偽をかんたんに決めるわけにはいかない。すべて真作としてあつかっても、プラトンの思想の価値が、転倒するものでないことは、注意すべきことである。

魂の医者

プラトンの著作は、質・量ともに抜群である。かれの墓碑銘には「人間の魂を文字でなおした」とか、「プラトンは不死なる魂の医者である」、とあったと伝えられている。たしかにかれは、「魂の医者」といわれるにふさわしく、読者の胸奥を癒《いや》す文字の金字塔をうちたてたのである。

著作にあらわれた文章は、変転自在な文体の再生力に富んでいる。そればかりではなく、「知」と「情」の世界における天才が躍動している。知と情とは渾然《こんぜん》一体化されて、文章のなかにあふれている。それがかれの作品の魅力の一つの根源ともなっている。

しかも、紀元前五世紀後半のアテナイの町、個人の家、競技場などが、背景をひきしめている。対話篇に登場する人物は、いずれも実在の人たちである。そのなかに昔の人びとがちりばめられている。そして、その人物は、わずかなことばで特徴がえぐられている。対話も、美しいことばの応答、ウィットやイロニーに満ちている。アリストテレスが『詩学』で、プラトンの文章を「詩」といったのは、すこしも不自然ではない。

ギリシアの医者

これらの著作活動は、プラトンの二五、六歳のころから始められ、死の直前まで続いていた。完全にソクラテスの影響下にあり、その死後も容易に消えることなく、それが勇気・節制・敬虔・正義など徳を主題とした作品に結晶していった。生きていた時のソクラテスそのものがことばにあらわされていくときに、プラトンの知・情・意は、ひとかたまりになって噴火する。かれの芸術的造型力といってよいだろう。ときにはそれが完全なパロデーの形をとる。華麗・素朴《そぼく》な文体ともなる。そういうプラトンはあらゆる文体の所有者ではないか、と思わせる。

それにたくましい思索の力が、哲学的な深さをともなって、人物、事象、さまざまな問題を探求し表現する。弁論術にも、争論術にもみがきがかけられていく。それらはただ術として働くのではない。探求と表現の方法のなかにくみこまれ、いかされている。もしテクネー（術）として働くだけならば、『ゴルギアス』にみられるように、言語のみにたよることになってしまう。言語はいろいろな意味をもっている。それを悪用すれば、争論術も遊技となるだろう。かれはそのことを『エウチュデモス』で示してくれる。こういうプラトンだからこそ、当時としては新鮮な言語理論を、『クラティロス』でくりひろげることができたのである。そのなかで知識の起源を言語によって位置づけている。

この独創的な歩みは、プラトンの人間と哲学を深めていく。やはりソクラテスのプラトンは、プラトンのソクラテスともなる面があった、とみなくてはならない。アナムネーシス（「想起説」）は魂の不滅論とつながっているから、ソクラテスの説であったといえるにしても、幾何学的仮定法をそれの理解と説明に役だてたのは、プラトンの力によるのではないか。さらにそれらが徳の教育の可能性におよんだのは、『メノン』をあらわしたかれの独自性にかかってもいるのではないだろうか。

アナムネーシスは、やがてイデアの存在とむすびつけられる。そこでも魂の不死が、すべてのものを離れてもありうるイデアとの関連において証明されている。この中期の著作の特徴は、プラトンのなかにおけるソクラテスの変化というよりも、プラトンの魂におけるプラトンその人の変化ではないか。全一〇巻の大作『ポリテイア』は、かれの代表作である。そのなかでエロス（恋愛）とロゴス（理性）の合体した「上昇的弁証法」がくりひろげられる、などといわれるのは、プラトンの成長を意味するのではないか。『シュムポシオン』においては、それらの展開がなかった。イデアは、肉体の美から魂の美、さまざまな美から美そのもの、善、イデアのテオリア「観照」の極にあるとされている。

『シュムポシオン』や『ポリテイア』を読んで、こういうプラトンがわかるだけではなく、そう思い信じられる人には、かれは魂の医者となるだろう。もやもやした頭のなかが、澄んだ心になり、それが持続するだけでなく、活力をもあたえるであろう。

学の完成

アリストテレスは、存在はさまざまに語られる、といった。プラトンは、さまざまなものがそうあることができ、またそうなっていることの唯一の根源を求めた。その唯一のものをめぐって、あらゆる学は織物のように織られながら、完成を目ざすのである。

「存在」と「学」は、たて糸とよこ糸のようにいりまじりながら、「完成」を試みる。存在はプラトン自身を含むものでなければならぬ。かれは存在そのものとのつながりにおいて、かれであることができる。真の存在の発見の密度に応じて、人間という存在も完成の度合いを深めるはずである。人間は変化しやがては死ぬけれども、そうなる道程が完成を意図していたかいなかは、不変なものを探し追い求める濃度にもよる。プラトンにおいては、それが学の形成と呼応するものであった。たえざる前進による、人間の変容をも恥としない探究心は、学の完成という現実となってあらわれる。

存在についてを求めた『ソフィステス』が書かれたかと思えば、政治家を語ろうとする『ポリティコス』が書かれる。「分割法」がくりひろげられるのも、この両篇である。内容は主題をささえるだけでなく、それらにふさわしく、またそれらでなければならぬ方法にうらづけられている。以来「分割法」は目ざすそのものを発見する方法となった。

しかも、晩年においては、プラトンがもっとも軽視し、苦手としたかにみられている、「自然について」を『ティマイオス』で論ずるのである。この書物は、宇宙論について体系的に展開した唯一の自然哲学的対話篇とうけとられている。そのあいだに、われわれの「快」「不快」についての言及を忘れない。『ピレボス』は、現代流にいえば、「快楽論」である。七〇歳をすぎ、八〇歳近くなってもプラトンの筆力は、いささかも衰えを感じさせない。『ノモイ』（法律篇）が、その実例である。

哲人王を中心とする「理想国」が、「法治国」にとって代わろうとするのも、この『ノモイ』である。ここでは、哲人政治が断念されたかにみえる。婦女子の共有は廃止され、私有財産が認められるなど、当時の現実への一歩接近の姿勢をとっている。しかし、理想主義の態度は、全く一貫して変わっていない。学術を盛んにするための「夜の会議」のメンバーには、その資格として、「弁証法」「天文学」「数学」の修得を要求したプラトンである。哲学者は宵暗《よいやみ》に飛び立つ梟《ふくろう》のたとえ[1]よりさらにきびしい。深更の思索に加えて、

1) ミネルヴァの梟は宵暗に飛び立つ、というヘーゲルのことばで、哲学者は、現実を反省して再構成し、それに意義をあたえる、というほどの意味である。

「夜明けの会議」をも開かねばならぬ哲学者の使命を、プラトンは考え、それを行なうことを求めていたのである。

＊　典拠となったおもな文献　プラトン『第七の手紙』『ノモイ』、アリストテレス『詩学』、ディオゲネス＝ラエルティオス第三巻、P・フリトレンダー『プラトン』I〜III（ベルリン一九六四年　第三巻のみ一九六〇年）

Ⅱ プラトンの思想

真理の旅人
――永遠の発見とそれへの対応――

イデアリスムスの成立

すべてのものには、終わりがあるのだろうか。草木は枯れ、生物には終わりがあるのを、われわれはまじかに見ている。しかし、夜空の星は瞬《また》きをやめない。きのうの太陽は、いぜんとしてきょうの太陽である。ただわれわれにそう思われ、そう見えるにすぎないのだろうか。人間は死ぬし、すべてのものは変化をまぬがれていないようである。目に見えるもののいっさいは、刻々と移り変わっているのである。プラトンはそれらを感覚的事物とよんだ。かれがたえず「求めるという姿勢」を鮮明にした動機は、そこにあるのだろうか。

求めるということには終わりがない。にもかかわらず、求め続けるのはなぜか。われわれの欲望は無限だからだろうか。死があるかぎり、それにもかぎりがある。かりに無限であっても、なにかほしいものを、満たすそのつど抵抗にぶつかるので、その刺激が次の欲望をうむのであるか。それはくりかえしにすぎない。プラトンは、「くりかえし」を求めたのではないだろう。

かれにおける「求める姿勢の成立」は、かれをとりまく世界のいかんにかかわりなく、かれの心のなかにおこったのではないか。しかし、その精神の変化には、動機があったはずであろう。すると、それはかれをとりまく環境、かれ以外のものとなるだろうか。ソクラテスの死、当時の社会状勢などがまずうかんでくる。それらは動かすことのできない事実である。しかし、ソクラテスには、ほかにも弟子があった。あの社会には、ほかにもたくさんの青年がいた。だから、プラトン出現の可能性は、ほかのだれかにもあったといわなければならない。外的条件は、その時代とそこに生きる人に共通にあたえられている。プラトンの個性がずばぬけていたのである。かれにはとくに「ひま」があり、生活の「ゆとり」があったのである。しかし、「ひま」と「ゆとり」のある者は、ほかにもいたであろう。「天才」「独創力」などは、プラトンのみにあたえられた資質ではないはずである。それらは、かれだけに恵まれた特権ではない。

いついかなるときでも、求めるということをやめない、そもそもの動機は、ソクラテスにおいては、「知を愛し求めること」にあった。フィロ・ソフィア「愛知」にその根源があった。哲学することをやめないことが、その動機である。それは「知」が存在することを認めたことである。ということは、知を求めることに終わりがないことを意味する。なぜか。かれにおいて、知は徳とむすびついていた。だからといって、ただちに「徳は知である」のではない。むしろ、徳は人間の形成と切り離せない。だから「徳のなんであるか」を知っていれば、だれでも徳のある人になるのではない。知らないよりは、たしかに徳に近いだろう。徳はその人の人間としての完成の度合いに応じている。しかし、人間が完成されることはありえない。完全は神にのみあたえられた、一種のたとえである。

とすれば、求めるものには限度があることになろう。求める対象と求める主体に、なんらかの「かぎり」

があることを認めないわけにはいかない。「知を愛し求める」といっても、求める主体は死ぬのである。知は徳とむすびつき、徳は人格の形成と切り離せず、しかも、人格の完成はありえない。完成ならざる完成を求めることを知ったがゆえに求めざるをえない、とすればレトリックにすぎないであろう。「にもかかわらず求める」というのであろうか。

すべてのものには終わりがあり、したがって変化の中にあるから、終わりもなく変化もしないものがあるのだろうか。あると思うことは自由であるが、そう思う根拠には制限がある。この「制限」「限度」「かぎり」ということは、求めるがわのものか、それとも求められる対象のがわであるか。もしその両方に「かぎり」があるとすれば、すべてのものには終わりがあるというその終わりとしての「かぎり」であり、求めるがわの能力の「かぎり」とか死ぬという「限界」をいうのであるか。しかしそれらは、現象の「かぎり」にすぎず、「かぎり」の規準を示したことにはならない。人間は死ぬ、すべてのものは終わりという「変化」をもつ、といっているにすぎないのではないか。

「規準」が問題であり、その根拠が重要なのである。だれも世界の終わりを見た者はいない。萎《しお》れた花も、枯れた木も、一年という時がたてば、別の表情、別の草、別の木であっても、われわれは見ることができる。あの太陽も姿を消すではないか。一時的ではあっても、消した夜の暗黒を否定するわけにはゆかぬ。終わりがあるというのは、そのものの個体のそれであり、ことばのうえでのことであり、全体の世界の終わりは、だれひとりとして経験した者はいない。たしかなことは人間の終わりとしての死である。その死にしても、別の生命が生まれてくるのであるから、人間の死ではなく、ある個人の死にすぎない。この花は二度と咲かないように、この人は二度と生まれてくることはない。その意味ではたいせつにされねばならない。しかし、「限界」や「終末」の「規準」や「根拠」のために、たいせつにされるのではない。それらは一時の約束にすぎず、便宜として使われるから、改変の運命をまぬがれない。それなら、なに一つとして、そうだといえるものはないではないか。

たしかにこうだときめることが、求められているものではない。そう思いこみ、そう思いこませることがねらいであれば、数学にかなうものはないだろう。約束や習慣やモラルは、ぎりぎりのところでは、変化し破られるためにあるようなものであるが、数学も究極は情緒に拠点があるにしても、数や定理の変更は安定の土台を破りゆり動かすために行なわれるのではない。モラルは変化し破られるがゆえに、習俗のなかにいきることができた。数学と倫理学は、その「あり方」がちがうのである。プラトンが数学を万学の根としたのは、哲学が万学の根であることと意味がちがうのである。哲学が「かぎり」を求める学であるなら、数学と同じ屋根の下に住むことになろう。数学は哲学にとって明晰《めいせき》判明への方法であろう。たしかに哲学の求めるものは、求める人の姿勢と関連する。あくまでも「関連」であって、求める対象が無限であることを意味しない。

それならやはり、こうだときめられるものはないのであろうか。プラトンの、あのあくことなき追求の精神はなんであったのか。いついかなるときでも、求め続けてやまない、あの強烈な姿勢は、なにがそうさせたのであり、またいかなる状態を意味したのであったのか。ソクラテスにはその動機があった。カイレポンのもたらしたアポロンの神託があった。「アテナイでソクラテス以上の知者はいない」という神のことばは、かれのいついかなるときでも知を愛し求めてやまない使命の出発点となった。神がアテナイの窮状を、アテナイ人の人間性潰滅《かいめつ》の危機を救うべく自分を使者にたてた、というソクラテスの自覚は「無知の知」の吟味の第一動機であった。それもプラトンが『ソクラテスの弁明』を書いたのだから、実際はかれの内面の投影にすぎぬ、ということはできないであろう。それともプラトンは、ソクラテスにたくして、かれの内面を確かめていたのであろうか。

イデアへの道は苛酷であった。ソクラテスの死と、あの二七年にわたるペロポネソス戦争とは、若きプラトンにおける二大試練であった。多くの人の内面の真実がなにを求めているか、プラトンにはわかりすぎるぐらいわかったであろう。「平和にしてかつ善美な生活」という理想を求めることが、足もとがみじめであればあるほど要請され、理想国の実現が待たれたであろう。心ある人なら、そのくらいのことは考えるし希望もするが、多くの人は大勢にまけるし、あきらめてしまうであろう。テミストクレス・ペリクレスの存在したアテナイである。しかし、プラトンのばあいは、全生涯が「求める姿勢」でつらぬかれているのである。ソクラテスの影響がいかに偉大であっても、八〇年のエネルギーとはならないであろう。

やはりプラトンには、かれなりの求める姿勢を持続させる原動力があったのではないか。それは問題がいくらでもあることなのか。求める対象が無限であるということなのだろうか。問題がいくらでもあり、求める対象がかぎりなくあれば、だれでも求める姿勢をくずさないだろうか。いや、なにが問題であるかが問題なのである。求めるものが発見されないかぎり、求める対象はないにひとしい。見るもの聞くものすべてが珍しいうちは、好奇心があるにすぎない。プラトンは「求め続けさせるものがあるという観念」を発見したのではないか。「哲学思想とは絶え間なき質問である」[1]ことに、かれは気づいたのではないか。

性格と思想

すべてのものには終わりがあるが、そういえるのは、なにか際限のない、どれほど求めても完全につかめないものがあるからではないか。初めもなく終わりもないものがあって、それが初めとか終わりとかいわせているのではないか。そのものは一定不変であるが、それを求めるものにはかぎりがある。だがそれを求める方法は、それを求めた人が死んでも、死ぬことはないのではないか。それが思想の生命である。その意味で思想は方法である。しかし、それは対象あっての方法であろう。その対象こそ「存在」の世界なのである。「存在とはなにか」。それがプラトンの生涯の問いとなった。

かれは『ソフィステス』のなかで、「存在の本質は非存在の本質と同様に理解することが困難である」といっている。そしてその存在は、イデアとよばれたり、エイドス（形相《けいそう》）といわれたり、ときにはフュシス（実在）がその意味に使われたりする。しかも『パルメニデス』では、「エイドスを分有しているものは、すべて思惟《しい》から成りたっているから、その一切《いっさい》のものが思惟する……」という。ところがこのパルメニデス

1) エミール＝ブレーエ『ギリシア時代』の序説。

の発言に対して、プラトンの描いているソクラテスはこういうのである。

「もっとも善いとわたくしに思われるのはこういうことです。形相というものは、いうなればパラデグマ(原型)として、フュシス(実在)のなかに定存しているのです。しかしほかのものは、この形相を模写しているのであり、それに類似しているのです。ほかのものが形相を分有するということも、全くそれを模写することにほかならないのです。」

たしかにプラトンのいう存在を理解することはむずかしい。それはメイ・オン(非存在)の反対のものではない。「あるもの」と「ないもの」とは、いま目の前にあったものが、灰になってなくなった、というような単純な世界ではない。存在の本質は、存在ということば、たとえばギリシア語のオンの定義から始め、さらに本質ということば、たとえばフュシスのいろいろな意味も知らねばならない。さらにいまのべたように、形相とか模写とか分有とか原型など、プラトン哲学における重要な概念を、定義してかからねばならぬ。プラトンですら、あれだけの著作をついやして、探究に次ぐ探究をかさねたものであり、そうかんたんでないのは当然であろう。

ことばの意味を知ることであれば、だれにでもできるであろう。概念は意味ではない。観念も意味ではない。形相の意味ではなく、その観念を、その概念をつかまなければならない。プラトンを理解する鍵《かぎ》は、この観念や概念をはあくすることでもあろう。

思惟とは対象を分別することである。思考とそれとはちがうのである。しかし、このことばの意味のちがいを知ったからといって、だれにでも思惟することができるわけではない。そのできない意味が問題なのである。形相を分有するとは、どういうことであるか。メテケインというギリシア語が、分有ということである。メテケインは関与という日本語にもあたっている。

形相は「かたち」「ありさま」で、形式に近い。形式は内容に対して、それが形づくられているうわべのすがたである。それらが形相の意味である。そして分有は、一つのものを分けて所有することとされている。形相を分有するということが、それでわかるであろうか。意味を知ることは、思惟すること、定義することとは根本的にちがうのである。対象を分別するということは、すでに分別するがわに、その力が前提されている。その力は、プラトンにおいては、どんなものであったろうか。かれの日ごろの生活のなかにあらわれているのではないか。かれにおける性格と思想とのつながり、といえるようなものがあるのではないか。

プラトンの哲学は「形相の哲学」とか「イデアの哲学」とかいわれたりする。ともあれ独特な思想であることはたしかである。「形而《けいじ》上学的色彩」をもっている。J・E・レイブンによれば「プラトンの哲学は形而上学以上のものを包含する」のである。それが対話の形で書かれているために、あんがいやわらかい感じをあたえるのであるが、その底辺には広大無辺ともいえる思索の足跡がかさねられている。その見えない歩みが上辺をささえている。それらには、努力、つつましい態度、イロニー（反語・風刺）、賢明、明敏などが、人となりとしてあげられるであろう。

かれはみずから『法律』のなかで、「眠っているとき、ひとはなんの役にもたたない」といっている。いかにかれが努力の人であり、寸秒をおしんだかがわかる。「役にたたない」という表現から、計算にからく、功利的な人、という印象をうけない。かれはそういう評価をすでに計算していたのではないであろう。かれがながい時間眠ることを「快」としなかったのは、ほんとうであろう。しかし、眠らなかったとはいっていないし、眠ったときにはできるだけ早く起こすように頼んでおく習慣であったとは、伝えられていない。

あるときプラトンは、「回顧録を残しますか」と聞かれた。その問いに「ひとまず名前をあげることが必要だ」と答えたという。明敏な人である。いうなれば賢い。名前をあげるとは、どういうことであったろう。そのような質問をする人にだけ通用する、かれの内面を見せたのであろうか。人一倍名誉欲にかられていたとは、ただちにいえない。この世に虚栄心の全くない人はいないだろう。ようするに、回顧録と名前とのひびきが、注意されているのを見のがせない。名前が知られれば、多くの回顧録を残したことになる、というプラトンの考えがある。まさかかれは、自分の歴史をのべることが名前を知らせることなのだ、と思っていたのではないだろう。むしろ、自己の歴史、自省録を書き残せるほどの人になりたいというのだろう。いくら書いても、読まれなければ仕方ない。名前が知られていれば、それで読まれるし、書かなくてもよい。そういうことであろう。読まれようと、名前がどうであろうと、回顧録とはいえ、自分のために書くものであろう。だからこのばあい、質問者の知恵も問題である。

さらにプラトンは「自分は怒っているので、召使いをむち打つことができない、だから打ってくれ。」と頼んだ。怒っているときにおける一瞬の反省がある。短気な人ではなかった。それよりも性格がやわらかである。むしろなぜ怒ったのかが問いたくなる。怒ることがありえない気質を思わせる。後世の人は、あるいは、他人のことをしるすほどの人は、すでにその人への尊敬なり愛情をもっているから、一瞬の美化をためらわない。それを伝えるディオゲネス＝ラエルティオスも、その例にもれない。「もしもわたしが怒っていなかったら、お前はむち打たれていたであろう。」そうプラトンは、召使いにいった。怒っていないプラトンがむち打つとはおもしろい。想像をめぐらせれば、ことばによるむちであろう。それともギリシア人の習慣は、われわれの日常を、はるかにこえていたであろうか。はるかにこえていたというよりも、プラトンの性格は、いつもロゴスによる徹底へと訓練されていたのではないか。むち打つことは、自己にすべきことであって、他人にすべきことではない。愛のむちはことばですべきであり、便宜的に使うのは、真の意味でのイロニーを解しない人であろう。

プラトンはスケールの大きな包擁《ほうよう》力のある人といえる。強じんな鉄の意志にも恵まれていたであろう。ねばり強い探究力が、つねに求めてやまないプラトンをささえている。観念の発見は、知識の対象への洞察力によるだけではない。日常の生活が、すでにそうなるように心がけられている。かれが真理の旅人となりえたのは、そのことにもよる。旅にも目標があり、それなりの準備が必要である。それが、かれの遍歴時代であり、そのあいだに、目的はほぼ方向をもったのではないか。

探究の方向

一度心象を鋭くえぐったものは、容易に消えない。それが、思想の面で経験されたばあいには、いつでも再燃できる姿勢で、心のなかに住みつくものである。プラトンにおいては、くりかえすまでもなく、一つはソクラテスの死である。さらに、ペロポネソス戦争という悲惨な現実である。それは、人間性潰滅《かいめつ》の危機をはらんで、プラトンをゆり動かした。それと青年時代に聞いたという、クラテュロスをとおしての、ヘラクレイトスの万物流転《るてん》説から、不動の存在を感知したことである。さらにまた、小さなときから聞かされたであろう、ペリクレスの人となりと、その政治力である。それに加えて、かれの一族の反映とすすめもあり、かれのなかに芽ばえた政治と政治家への情熱である。

それらが、ソクラテスの死刑を境に、爆発しかねない勢いで、プラトンを一点に凍結した。哲学を、ソクラテスを誠実に記録することをとおして、生涯の仕事とする。そこに主題としてくりひろげられるのは、アレテー（徳、その人のよさ、優秀性、卓越性）の問題であった。そこには、徳を中心とするギリシアの四大徳、勇気、節制、知恵、思慮、正義が追求される。それによって、ソクラテスは、一躍クローズ－アップされる。ソクラテスが主導権をにぎりながら、多彩な対話篇がうみだされていく。

ソクラテスがもっともいたわった魂、しかもその不死が、その本性、魂と肉体、魂の諸相をめぐって、記述されていく。しかも、芸術味豊かな文体で、深く広く高く表現されるのである。プラトンは、まさに、オーケストラの指揮者である。かつて実在し、そのころも実在した、いくにんかの時の人が登場し、あれやこれやと論究をするのである。しかし、やがて、ソクラテスに新鮮に、しかも深くまとめられるのである。プラトン自身は、めったに顔を見せない。ソクラテスがプラトンであり、プラトンがソクラテスである。見える指揮者と見えないそれが、知恵の演奏をする。

徳の問題は、当然のことながら、善《よ》き生活とむすびつく。かつてギリシアに生きたさまざまな人たちが、論旨をあますところなく、助けてやまない。いつも実例にかえって、いわんとするところを、具体的に示すので、説得力もくわわる。あの万人の潜在力ともいうべき、多方面への可能性を、ことばと実践のなかに例示したソクラテスが、舞台の中心にすわってひきしめている。善き生活の実存者が指導するのであるから、われわれはすこしも用心する必要がない。『パイドン』における死の情景は、悲劇の舞台を思わせる。しかし、それが、実在のソクラテスであることを知り、そのカタルシス（浄化）は、倍加し、永続性をもったものとなる。われわれが善か悪かのせとぎわにたつとき、ソクラテスがふと顔をのぞかせるのは、『ソクラテスの弁明』を読んだためといえるであろう。

徳は知の問題とむすびついている。使用の知恵なしに、むやみやたらに、善人が続出するはずがない。善人の形成は、善き人間の形成ということであるが、徳とはなんであり、いかなる状態であるかを知らずして、偶然にうまれるはずがない。知恵と知識がむすびつくように、知識は想起であることによって、徳論は想起説の論究となる。ここに、魂の問題は、徳から知、想起説をへて、魂の不死説の立証をする。それが、幾何学の図形の引用によって証明されるのは、じつにみごとである。しかし、こういう構想を展開させる要《かなめ》となっているのはイデアであろう。その意味では、たしかに、プラトン哲学は、「イデア説」なのである。

イデアは形相であり、ヒュレー（質料）とはちがう。ヒュレーは、現象界にあって、生成消滅をまぬがれない。イデアは、ふつう、超越界にあって、生成も消滅もせず、離在しているものとうけとられている。だから、プラトンは、それを、現象を説明する手段に使っている、といわれたりするのである。イデアを求めるのではなくて、それを前提としておいて、現象をそれによって説明しているのだという。たしかに、そういう絶対の存在、神のようなものを認めておけば、さまざまな難解な問題は、一応の解決がつく。しかし、一応のことにすぎない。果たしてプラトンは、イデアを現象の説明の具としたであろうか。もしそうなら、「求める姿勢」とそれへの上昇の方法としての、問答法とか弁証法は、思想の装飾にすぎなかったことになるだろう。それは、われわれのこれからの課題であるが、ここでもそれを肯定することはできないように思う。

イデアは、やはり、知識の対象である。それも、プラトンの最大にして最高の対象であった。そうでなければ、『ポリテイア』における「洞窟の比喩」に、あれだけの情熱をかたむけられるだろうか。あの説明は、イデア実証の圧巻である。イデアが美と善の極地なればこそ、あれだけの光をなげかけるのである。イデアはやはり求められるものである。たんなる説明の具ではない。イデアへの道は、その言語、その定義、その影像、その知識の階段を登りつめなければならない。かりにその道を順調にたどったとしても、完全にそのシャトウ（城）にはいれないのである。もちろん完全につかむことはできない。イデアはイデアリスムス

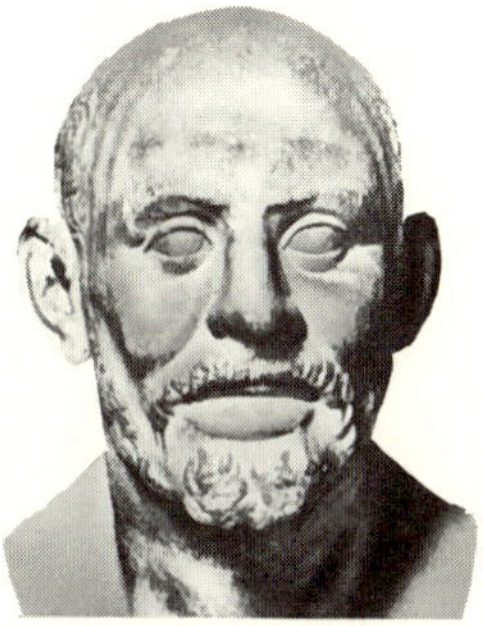

デモクリトス

の極北なのである。

メイ・オン（あらぬもの、非存在）には、『パルメニデス』でいわれたように、その言語も、その定義も、その意見も、その知識もない。そのことは、たんにイデアという存在を、目だたせるためのものではない。プラトンのイデア論形成の舞台には、ギリシア哲学の歴史が背景となっている。デモクリトスのアトミズム（原子論）が、大きくのしかかっている。アトム（原子）は、それが最小の物質という概念である。ケノン（空無）は、それを原子が占めているゆえに、メイ・オンという概念であった。プラトンは、無への挑戦を開始したともいえよう。マテリアリスムス（物が存在であるという考え）は、プラトンの抵抗の対象であった。かれはそれを相当に評価したことになるが、デモクリトスのアトミズムは運動論を展開の要としているにしても、近代のアトムでも運動論でもなく、概念の次元にとどまったのである。プラトンにとっては、概念の質の相違に注目せずにはいられなかったのではないか。もしマテリアリスムスを認めるとすれば、イデア論は崩壊の危機にさらされるからである。

イデアもアトムも、概念という点において、変わりはないであろう。しかし、アトムあってのイデアではない。イデアあってのアトムでなければならない。そうでなければ、プラトンはメイ・オンの存在を認めなければならなくなるだろう。無はイデアの反対概念でもなければ、説明の根拠でもないだろう。アトミズムからすれば、イデア説の援護を必要としない。その代わり、メイ・オンがなければならない。アトムの存在の場を失うことになる。このようにして、イデアリスムスとマテリアリスムスは、ギリシア哲学の二大潮流となって、近代に流れこんだのである。

イデアリスムスは、プラトニズムの名のもとに、中世千年の歴史の根底となった。それはキリスト教の教義と、全く相反するものではなかったからである。しかし、マテリアリスムスは、中世千年の歴史を、眠るがごとくいきつづけて、近代の覚醒《かくせい》に警鐘を鳴らすことになるのである。

イデアはプラトンのよってたつ根底であった。かれの存在を証明するものであった。それにはメイ・オンを否定せざるをえない。かれはついに、ニヒリスト（虚無主義者）になれない哲学者であった。したがって、すべての点において、きらめく星座を、愛しうる人間であった。かれは、そこに、現実のポリスを、ポリテイア（理想国）に仕上げる情熱を忘れることができない。青年時代の夢は、ふたたび現実のものとなる。まず理想国の骨組をつくろう。そして、時あれば、それを実現しよう。そこに原始共産制ともいわれる、あの奇抜な共同社会の構想を形成するのである。「自由の基礎は平等であり、隷属の基礎は無産の貧困である。」とヒッポンがいったように、プルタルコスは「ディオン伝」の中でしるしている。プラトンが理想国の構想をすでに描き、ディオンの要請に答えるべく、その招きに応じてシケリアに渡った、そのかんの事情を、つぶさに伝える「ディオン伝」のところに、ヒッポンのことばをさしはさむプルタルコスも、慧眼《けいがん》である。

プラトンの理想国は挫折に終わった。しかし、その国家論は不滅であろう。哲学者王の理想を実現しようとする意欲は、かれの思想のうえに教育論を加え、『ノモイ』（法律篇）への足がかりをつくり、アカデメイアでの講義に、独自性を増したばかりではなく、幾多の対話篇制作の動機となった。これから順次問題にしていこうとする『ポリテイア』『テアイテトス』『パルメニデス』『ティマイオス』『フィレボス』など[1]、かれの壮大な思索の跡は、『ポリテイア』を先駆としているといえるだろう。

プラトンの探求の方向は、これで全部なのではない。ただ、真理の旅人としての資格は十分にすぎるのではないか。われわれは、これから、かれの足跡を、つたない足どりでたどりながら、これまであげてきたさまざまなかれの提起し展開したと想定されたものを、「哲学思想は間断なき質問である」ことを念頭に、探求していこう。プラトンが『第七の手紙』でいうように、「第五のものの知識（イデア）に、完全にあずかることは、到底できない」かも知れないにしても、プラトンにあずかろうとする意欲をすててはならない。

＊　典拠となったおもな対話篇と文献　プラトン『ソフィステス』『パルメニデス』、ディオゲネス＝ラエルティオス第三巻

1）なお『ソクラテスの弁明』『クリトン』『パイドン』『饗宴』などは、「ソクラテス的対話篇」として拙著　人と思想『ソクラテス』（清水書院）に用いてあるので、それを参照。

理想国における人間の条件

——愛知への純粋無私なる参加——

序曲——徳　プラトンの第一の関心は、どうしたら人間は、かれがしなければならないように、みずから行動すべきであるか、という問いであった。

悪はいくらでも、
えらびとるのはたやすい
悪への道はなめらかで、
それはすぐ近くに住んでいる。
しかし神々は徳の前には
汗をおいた。
（ヘシオドス『仕事と日々』）

金をもっていることが、値うちのあることではない。値うちがあるのは、りっぱで几帳面《きちょうめん》な人である。

正義が知恵であり徳である。それは、値うちがあり、また、不正義より強力でもある。不正義は無知だからである。

正しい魂と正しい人とは、善く生きる。不正な人は、悪く生きる。正しい人は幸福である。不正な人は不幸である。正しい人は、単純で高貴な人物。正しい人は、善いと思われることではなくて、善くあることを望む人である。（アイスキュロス）

心のうち深く耕された畝《うね》から収穫をあげながら、その畝から芽を出すのは、善いはかりごとである。

不正義は、魂がそれ自身のなかにもっているすべての悪のうちで、最大のものである。そして正義は、最大の善である。そういうことを、いまだかつて、だれひとりとして、詩においても、世間の話においても、言論によって十分に論じた人はなかった。（プラトンの『ポリテイア』の一つの主題）

飢えのために死に、おのがさだめにめぐりあうのは、一番みじめである。しかし、耐え忍《しの》べ、わが心よ、ほかのもっと恐ろしいことさえ、お前はかつて忍んでいる。

善いものは、知恵と、勇敢と、節制と、正義とをもつものである。（ギリシアの四大徳であり、善い人の資格である）

勇気は一種の維持である。それは、法律や教育をとおして、恐るべきものについて、もたらされたところの、それがなんであり、どのようなものであるかという意見を、そのままの状態でもちこたえることである。苦痛のなかにあっても、快楽のさなかにあっても、欲望のうちにあっても、恐怖のなかでも、その意見をもちとおして、投げださないことである。だから、勇敢とか正義というものは、恐るべきものとそうでないものとについての正しい法的な意見を、ずうっと変わらずもちとおすことなのである。それには、法律を、染料のようにみごとにうけいれることである。そうすれば、その意見は、素質も栄養も適当なものをもっているので、深くしみこんだものとなる。だから、洗い落とすききめの強い洗剤、たとえば快楽、苦痛、恐怖、欲望などが、その染料をはげさせない。

節制は一種の秩序である。また快楽や欲望の征服である。いうなれば、自分自身にうち勝つことである。うち勝つということは、魂のなかにある、生まれつきよりすぐれた部分が、より劣った部分を、征服することである。この反対が自分に負けたものである。それらの和合、すなわち、生まれつきすぐれたものと劣ったものとが、国家においてにしろ、個人においてにしろ、そのどちらが支配しなければならないか、ということについて奏するシンフォニア（和合）が節制である。勇気や知恵は、いずれも国家を、知恵あるものと、勇気あるものにしたのである。

不正義は、内乱とか、余計《よけい》な手出しをすることである。また魂が支配者になりたいために起こした謀叛《むほん》である。だから、あらゆる悪には、脱線、不正、放縦《ほうじゅう》、卑怯《ひきょう》、愚昧《ぐまい》などがあげられる。そこで正義をつくるには、魂のうちにあるものどもを、本性《ほんせい》に一致して、互いに支配し支配されるように組織する。不正義は本性に反して支配するように組織することではないか。たとえば、健康をつくるばあいには、肉体のなかにあるものどもを、本性に一致して支配し支配されるように組織するようにである。病気をつくるということは、本性に反して、そうするように組織することだからである。

したがって、徳は、魂の一種の健康、美、健在である。悪徳は、魂の病気、醜、虚弱である。美しい行為は、徳の獲得へ、醜い行為は、悪徳の獲得へ導くことになるだろう。

単純で適度な欲望がふさわしい。それは理性や正しい意見にしたがい、思惟によって導かれるものである。それには、少数の、非常にすぐれた素質をもち、また非常にすぐれた教育をうけた人びとがふさわしい。

音楽と教育

教育とはなんであるか。教育は多くの時間によって発見される。しかし、すぐれたものを発見するのは困難である。身体のための教育は、体操術である。魂のための教育は、音楽であろう。

「音楽による養育がいちばん権威をもっているのはこういうことのためである。リュトモス(リズム)とハルモニアとは、上品さをたずさえて、魂の内部にもっとも深くはいりこんでいき、魂にいちばん力強くふれる。もし人が正しく育てられるなら、それは上品なものにするが、そうでなければ正反対なものにする。上品に育てられれば、欠点のあるもの、美しく制作されなかったもの、美しく生まれてこなかったものを、鋭敏に知覚する。したがって、正当に不快を感じ、美しいものをほめたたえ、喜んで魂のなかに迎えいれ、しかもそれによって育てられて、りっぱな善い人になる。しかし、醜く育てられたものは、若くていろいろなことの理由がわからないうちから、非難し憎悪する。」

笛の吹奏

歌はことばとハルモニアとリュトモスとの三つからなっている。ことばは歌われないそれとすこしも変わらない。しかし、ハルモニアとリュトモスとは、ことばに一致しなければならない。愁傷《しゅうしょう》や悲嘆は、ハルモニアの一種である。愁傷のようなハルモニアは、混合リュジス式ハルモニア、高調子リュジス式ハルモニアである。柔弱な酒宴むきのハルモニアは、イオニア式ハルモニアである。ドリス式とプリギア式のハルモニアもある。しかし、重要なのはこういうものである。

「戦斗的行為においても、強制的な仕事においても、勇敢な人。失敗すれば、負傷したり、死んだり、災難におちこんだりするが、毅然《きぜん》として忍耐強く、その運命にたいして、自分をふせぐ人の声音とその抑揚とを、適切に模倣することのできるようなハルモニアのことである。もう一つのハルモニアがある。平和的な、強制的ではない自由意志的な行為における人。神を祈りによって、人間を教授と忠告によって、説得したり、懇願したりするかして、望みどおりに成功しても、思いあがった態度をとらない。むしろ思慮ぶかく節度をもってふるまい、そのことのできたことに満足する人を模倣するハルモニアである。不運な人びと、幸運な人びと、思慮ある人びと、勇敢な人びとの音声を、りっぱに模倣することのできる、強制的なものと、自由意志的なものとの、二つのハルモニアがある。」

ハルモニアのあとからつづいてくるのは、リュトモスに関することであろう。几帳面で勇敢な人の生活を表現するリュトモスがなんであるかをみなければならない。リュトモスの詩脚と節を、このような生活をのべたことばにあうように強制するが、ことばを詩脚や節にあうように強制してはならない。しかし、リュトモスがどのようなものであるかを、いうことはできない。詩脚がリュトモスから組み合わされてつくられる形態が、なにをどのように模倣したものであるかをいうことはできないからである。しかし、行進用リズムをエノプリオス、短長格をイアムボス、長短格をトロカイオスとよぶだろう。

　善いリュトモスをもつものと、悪いリュトモスをもつものがある。善いほうはりっぱないい方についてくる。悪いほうはその反対のものについてくる。しかし、リュトモスとハルモニアとは、ことばについてくるが、ことばがそれらのものについてくるのではない。したがって、ことばづかいの善さも、ハルモニアの善さも、上品さも、リュトモスの善さも、すべて人の善さにともなってくることになる。その人の善さというのは、性格がほんとうによく、りっぱにできている心のことである。

香《こう》を焚《た》く女

　そして「音楽に混合された理性、ただそれだけが、生まれたら、徳の救主として、生涯徳をもっている人のうちに住んでいる。」

　教育は「転向の術」なのである。だから、もし魂のうちに知識がないなら、まるで盲の目に視覚を入れてやるように、自分たちがそれを入れてやるというようなものではない。教育とは、どうすれば、容易にかつ有効に、その器官が向きを変えさせうるかについての転向の術であるう。つまり、見ることをつくりこむのではなくて、むしろそれをもってはいるが、正しい方向に向けられてもいず、見るべきところを見ていないものとして、そうするように手段をつくしてやる術であろう。

結婚と育児

もっともすぐれた男たちは、もっともすぐれた女たちと、できるだけ多くいっしょになる。もっとも劣った男たちは、もっとも劣った女たちと、できるだけすくなくいっしょにならなければならない。すぐれた人びとから生まれた子は育て、劣った人びとから生まれた子は、育ててはならない。

結婚の数は、支配者の判断にまかせる。戦争、病気などを考慮して、人びとの数を、できるかぎり同じにたもち、国家が大きくも小さくもならないようにするためである。それには、巧妙な籤《くじ》が作られねばならない。結婚のときに、劣った人びとが、その不満を支配者に向けず、偶然が原因でそうなった、と思わせるためである。

若者のうち、戦争やそのほかのことで、すぐれたものには、特権や賞品があたえられるようにする。とくに婦人たちとの同衾《どうきん》の許可が、ほかのものより多くあたえられるようにする。よい口実《こうじつ》のもとに、多くの子供が、こ

アテナイの貴婦人

ういう人びとの種から生まれるようにするためである。子供は生まれるたびに、その係りの役人がうけとる。すぐれた人びとの子供は、飼育所へ連れていく。そして、子もりたちにあずける。しかし、劣った人びとの子供、その他の人びとから生まれた不具者は、秘密に闇《やみ》で始末する。守護者たちの血統が、純粋であることを願うなら、そうすべきである。

母親たちが乳の張るときには、自分の子供に気づかないように、あらゆる手段をこうじたうえで、飼育所に連れていく。

子供は血気盛んなものから生まれなければならない。血気盛りの期間は、女性は二〇年、男性は三〇年だと思われる。そして、女は二〇歳から始めて四〇歳までである。男は競争のいちばん早い盛りをすぎてから、五五歳まで、いずれも国のために生ませるのが至当である。

しかし、男女とも、その生む年齢をすぎたら、かれらが好むものと、自由にいっしょになることを許す。ただし、男たちは、娘・母・孫娘・祖母たちといっしょになってはならない。女たちは、息子・父・孫・祖父といっしょになってはならない。もし胎児が宿ったら、一つも光の目を見ないように努力する。どうしても、この世に出てくるものがあれば、育てられないものと覚悟して、それを処置するように努力する。すべて以上のことを忠告したうえで、男女ともいっしょになることを許す。

しかし、父や娘や、そのほかを、どうやって見分けるのか。それは、とてもできない。しかし、だれかが花婿《はなむこ》になった日から数えて一〇か月目、一一か月目に生まれてくる子のすべてを、男なら息子、女なら娘とよぶ。子供たちは、父とよぶ。そのようにして、これらの人びとの子供たちを、孫とよび、逆にその孫たちは、かの人びとを、祖父や祖母とよぶ。そして、かれらの母たちと父たちが、子供づくりにしたがっていたその期間に生まれてきたものを、男兄弟や女姉妹《しまい》とよぶ。したがって、それらは関係しあうことはないだろう。しかし、籤があたって、男兄弟と女姉妹が同棲《どうせい》するようなばあい、ピュチアの神託が、それを善いとするなら、法律によって許されるだろう。

　理想国における男女結合の、プラトンが描くしくみは、以上のようである。われわれは奇異に感ずる。それだけではない。そのまま認められないだろう。ある人は、全面的に否定するだろう。適者生存・優者生存の原則を、国家のために適用し、性をある面ではだいたんに認め、ある面では否定しようとする。個人中心のものでないことは、明らかである。プラトンは籤を考え、いろいろ苦心してはいる。しかし、かれによる結婚と育児は、われわれから見れば、参考・一考の素材にすぎない、といえよう。しかし、奇抜さとだいたんさにおいて、興味ある草案であることは、否定できないであろう。なによりも真剣に人間ととりくんでいることは、注目すべきことである。これらの問題は、こんにちの人類の課題だからである。しかも、プラトンの構想はさらに展開されていくのである。

ギリシアの立法者

立法者は男たちを選びだしたように、女たちをできるだけ本性の同じようなものを選びだして、かれらに妻帯させる。それらの人びとは家や公共の共同食事をもっている。だれひとり、個人的なそのようなものをもっていない。だから、同じところで過ごし、同じところで交わる。かれらは生まれつきの本性に導かれて関係する。お互いにわけもなく無秩序に関係しない。またほかのことも、ふしだらにはしない。もしそれらを乱脈に行なうとすれば、敬虔《けいけん》なことではない。したがって、支配者たちもそうはさせてはならない。それが結婚をできるかぎり神聖なものにすることである。そしてそれが有意義な結婚である。

人間

人間の類型の数も、国制の類型の数だけなければならない。もし国制の類型が五つだとすれば、個人の魂の構造も五つある。

魂のうちには四つの情態がうまれる。第一は叡知《えいち》である。それが魂の最高の部分である。第二の部分は悟性である。第三のそれは信念である。第四は想像である。このそれぞれの魂はそれぞれの対象をもっている。その対象が真理《アレテイア》にメテケイン（あずかること）をする。それに応じてそれぞれの魂は、サアペネイア（明証性）にあずかるものである。しいて第五の魂をあげるとすれば、イデアそのものと同一になった、いうなればイデアとかさなったものである。

またより劣った人びとはこういう人である。勝つことを愛し、名誉を愛する人。スパルタ的国制に応じた人。寡頭《かとう》制的な人。僭主《せんしゅ》制的な人などである。乞食《こじき》を見かける国では、その国のどこかに、盗人がいる。また掏摸《すり》や神殿あらしがいる。かれらは悪の職人である。とくに寡頭制の国々には乞食が多い。支配者たちのほかは、ほとんどそうである。

人間の類は三つある。その第一は愛知的なものである。第二は愛勝的なものである。第三は愛利的なものである。快楽の種類も、この人間のそれぞれに応じている。愛知的な快楽は、人間が学ぶのに用いる。愛勝的なものは怒るのに用いる。愛利的なものは種類がきわめて多い。すなわち、食物・飲物、性欲などの欲望の満足としての快楽である。この欲望は、金銭によってもっとも多く満たされる。お金は利益の追求によってえられるから、それにやっきとなる人は、愛利的な人である。ただ勝つことや名誉とか栄誉にひきずられる人は、愛勝的な人である。

オリムピアの競技場にくる人間にも、三つの類がある。その第一は、物を売って利益を追求するクラスである。その第二は競技者で、栄誉を追求するクラスである。その第三は、ただ見ることとそのことを愛好するクラスである。この第三のクラスが、愛知的な人間である。

このクラスは、真実がどうであるかを知る快楽をたいせつにする。学びながら、真実を知る活動にしたがうことが快楽なのである。利益を求めるクラスや名誉を求めるクラスと、この愛知的クラスとをくらべてみると、相当のひらきがある。愛知的なクラスは、愛知以外の快楽は、その必要さえなければ、どれ一つ要求しない。だから、ほんとうに必要やむをえないばあいにのみ求むべきだと心得ている。いわば愛知以外の快楽は、必要やむをえないものとよぶべきではないか。

プラトンの人間観には、「どれがより楽しくて苦痛のない生き方であるか」、という問いが根本にある。それを、経験と思慮とロゴス（論証）がささえている。これらは人間観批判の基準となっている。わかりやすくいえば、人間を見る目である。そして愛知者の快楽は、その経験からいっても、そのほかのそれより格段の差があるという。愛知者は、子供のころから、すでに利益と栄誉の快楽を味わいはじめ、それらを知っている。しかし、利益を求める人は、ほんとうにあるものが、もともとどういうものであるかを学んでも、やはりその甘美な刺激の強い快楽を、かならず求め、それを味わい、愛知による喜びの経験者になれない。たとえなろうと努力しても容易なことではない。

愛知者は、尊敬されることによって起こってくる快楽にも、無経験ではない。それぞれの者が目ざしているものを完成すれば、栄誉の快楽はそれらの者すべてにともなってくる。金持ちや勇者や知者は、多くの人に尊敬もされる。であるから、その意味でなら、ほとんどの人が、栄誉による快楽の経験者である。しかし、「存在するもの」「ほんとうにあるもの」「真実」などのテオリア（観想）が、どのような快楽をもっているか。その快楽を、愛知者をのぞくほかの者には味わうことができないのである。

人間の本性が快楽を求めるものであるにしても、思慮がなくてはならない。思慮のある者の快楽をのぞけば、ほかの人の快楽は、完全にほんとうのものでも、純粋なものでもない。むしろ一種の遠近画法による絵のようなもの、とプラトンは考えている。

それなら人間は、どのようにしたら、愛知者に近づいてゆけるのか。魂を夜のような昼から、真の昼へと向きを変えさせることである。この真昼とは、「存在――ほんとうにあるもの」への登り道である。それこそ真の愛知なのである。学問のなかには、この力をもっているものがある。

学問

学問のなかには、生成するもの、いつも変化しているものから、存在へと魂をひきつけるものがある。まず、軍人に無用であってはならないものだが、体操と音楽はどうか。体操は生成し消滅するものにたずさわっている。身体の成長と衰退を管理するのだからである。だから、それは求めている学問ではない。音楽はやはり直接には、今求めているものへ導く学問ではない。ハルモニアは、知識ではなくて、心の調和の善さをさずける。リュトモスは、挙動の善さをさずける。音楽のことばは、物語にせよ、真実の話にせよ、ハルモニアとリュトモスとに似たほかの性質をもっている。しかし、愛知の学問ではない。

数と計算の学はどうか。人が最初に学び、技術も思考も知識も用いる。一と二と三をも区別する。しかし、それらのなかまに、技術とか知識がなることを、しいられているのではないか。それなら、戦争の術もそうなる。ギリシア軍の知将パラメデスが、トロイア攻略のとき、最初に数を発見して、軍隊のための陣列をもうけ、船やそのほかのものを数えたというではないか。数の学問は、その本性上、思惟に導いていくものの一つである。しかし、多くの人は、それを正しく用いていない。ほんとうは、数学は存在へひっぱっていくことのできる、学問の一つなのである。数に関係するものは、真理に導いていく。どうしてなのだろうか。

知覚されるものにはふたとおりある。一つは知覚によって十分に判別される。それは思惟を励まして考察へと向かわせない。しかし、もう一つは、知覚が満足な結果をもたらさないから、思惟を励《はげ》まして考察へと向かわせる。ここに、中指と薬指と小指との三本の指がある。これはみな指と見える。黒い指でも、太くとも、細くとも、指であることに変わりがない。指と反対のなにかを、すこしも魂に示してはいない。たとえば、「指とはなんであるか」、などと魂が思惟にたずねなくともすむ。だから、このばあいは、思惟をすすめ励まさなくてもすむ。それなら、指の大小はどうか。はじにあっても、中にあっても、太さ・細さ、視覚にちがいはないか。軟硬いずれも、触覚は十分に感じ、その他の知覚も働くか。硬《かた》いと感ずる知覚は、かならず軟《やわら》かいものをそう感ずるのか。同じものが、硬くも軟かくも感じられないか。そう知らされた魂は、かならず途方《とほう》にくれるだろう。同じものが、硬軟いずれでもあるなら、なにを意味しているのかわからない。魂にとっては奇妙であり、だから考察を必要とする。そこで魂は、悟性と思惟を、すすめ励まして、知らされたものが、一つであるか、二つであるか、と考察するように努力する。

もし二つに見えるなら、それぞれ別なものでありながら、一つに見えるのではないか。もしそれぞれでは一つで、その両方では二つなら、魂はこの二つのものを、離れたものと考えるだろう。もし離れていないなら、二つとしてではなく、一つと考えるだろうからである。視覚も同じものを、大きなものと小さなものとに見た。だから、今離したものとしてではなく、ごっちゃになったものとしてなのである。思惟はこのままにしておけない。ごっちゃなものを、はっきりさせようとする。大きくも小さくも見えたものを、別々なものとして見えるようにさせられる。それには、「大」とか「小」とは、いったいなんであるか、と問わなければならない。こういうふうにして、一方を思惟されるもの、他方を可視的なもの、とよぶようになったのである。したがって、あるものは思考を励ますものである。あるものはそうでないものである。思惟をすすめ励ますものは、「それと反対なものといっしょになって知覚へぶつかってくるもの」である。そうでないものは、思惟をよびさまさないものである。数と一とはどちらに属するか。一が思考を励まし、思惟をよびさますものなのである。一が存在へ真理へとひっぱっていく。

一がただそれだけで十分に見られるなら、存在へひっぱっていくものではない。一そのものが知覚されるなら、一が存在へひっぱっていくとはいえない。しかし、一といっしょに、一と反対のものが、一と同じ程度に見られるならば、思惟を必要とする。魂は一も知らされるし、それと反対なものも知らされるので、どちらがほんとうかと迷い、判別者を助けとしてかりだす。そして、一そのものはなんであるかと追求する。こうして、一についての学習は、存在の考察へと向かわせるのである。しかし、一の考察には、多少の視覚が含まれる。一個の石を、一として見ると同時に、石の数は無限なものとも見る。それは数全体にもいえるだろう。計算術も数学も、その全体は数に関係する。したがって、数に関係するものは、真理に導いていくものであることは明らかである。

数学は求めている学問に属する。人がそれを商売のためではなく、知るために研究するなら、われわれの求めているものに、どんなに役だつか。魂を上のほうに導いていき、数そのものについての対話をしいる。しかも、見られたり、さわったりできる物体にむすびついている数を対話しない。純粋に数そのものを対話する。ただ思考することだけができ、ほかの方法では取り扱うことのできない数について語る。魂は真理そのもののために思惟を用いる。それがほんとうの学問である。この学問は特別の利益をあたえないが、すべての点で向上し、鋭敏なものにする。この学問はあらゆる学問のうちで、もっともほねがおれる。だから、この学問は手ばなしてはならず、とくに本性のすぐれた者たちは、この学問において教育されるようにするとよい。

対話（左がソクラテス）

　次は幾何学である。この学はイデアや善のイデアを、いっそう容易に見えるようにさせることと関係がある。善のイデアは、魂になんとしてでも、見せなければならない存在の世界である。そこには、存在のうちでも、もっとも幸福なものが住んでいる。幾何学はそれに関係がある。この学の用語は、滑稽《こっけい》だが、窮余のことばを用いている。「二辺の上の正方形」とか「一直線上に矩形《くけい》を作ること」とか、「四角にする」とか。しかし、学問はすべて知識のために研究される。しかもそれは「つねに存在するもの」の知識のためである。「あったりなかったりするもの」の知識のためではない。ところが幾何学的知識の対象は「つねに存在するもの」なのである。魂を真理へひっぱっていき、まちがって下へ向けているものを上へ向けるようにするため、愛知的な心をつくりあげるものである。しかも幾何学には副産物がある。この学をやったかやらないかによって、いろいろな学問をうけ入れるのに、ものすごい相違がある。したがって、幾何学は、青年のすべき学問のうちの、第二のものである。

第三は天文学である。青年はそれに敏感である。日・月・年の知識は、農耕や航海にふさわしいだけではない。魂はある仕事のばあい、盲目にされたり、すっかりすさんだりするが、天文学においては、浄化され、よみがえらされる。それを信ずることはむずかしい。魂、とくに、理性が救われることは、一万の目が救われることよりもすぐれている。というのは、真理が見られるのは、魂のうちの理性によってなのだからである。

多くの人は、天文学のほかの面の利益に気をとられている。われわれも、ほんとうは、幾何学の次に、立体をとらえるべきであった。平面・立体・二次元・三次元、それから天体へと進むべきであった。厳密にいえば、天文学は四番目の学問であった。立体幾何学を、「理想国」が認め、追求するのであれば、それがその国における三番目の学問となる。ところで天文学であるが、その一つの対象である星は、天の飾りである。天の星は、目に見える世界の装飾としてつくられたものである。それは目に見えるものとしては、一番美しく正確である。しかし、もう一つの装飾がある。それは「真の装飾」である。星といえどもそれにはおよばない。それは真の運動の世界で、星に対応している。しかし、見ることはできない。

存在と目に見えないものとに関係をもつ学問が、依然として魂の上昇を助ける。知覚的なものを学ぼうとするかぎり、魂が存在を見るようにはならない。星に対応している「真の装飾」は、知覚的なものではない。理性や悟性によってしかとらえられない。それは、デミウルゴス（創造者）によって構成された。星に対応するものでありながら、その対応するものを動かしている。星とか天体の軌道のなかを、それらと関連しながら動いている。そのありかたは、速く、また遅い。真の数や真の図形のなかを運動している。学問はこの「真の装飾」に近づき、さらに善のイデアへと迫らねばならぬ。それが愛知ということであり、善と美への深化なのである。したがって、天文学の段階では、まだ学問の序曲にすぎない。「弁証家」とよばれるような人が専門とする、学問の本曲がある。しかも、その本曲は言論のやりとりが演奏をする。

それは思惟の世界のものである。思惟の模倣物である。それを用いないで、思惟だけで、見る力は対話によって突進する。なにに突き進むのか。それぞれのあるところの、そのもの、それぞれの存在そのものへである。そして、つまるところは、「善そのもの」をつかもうとする。「善という存在そのもの」をつかまえるまで突進する。このようにして、思惟的なものの終極に到達する。この善そのものへのたえざる行進が、「対話術」ないし「弁証術」なのである。このテクネー（術）は、魂のなかにあるもっともすぐれたものを、存在しているもののもっともすぐれたものの観察へ導きあげる力をもっている。弁証術をのぞくほかの技術は、どれもこれも、人間の欲望やドクサ（臆見《おくけん》）と関係をもっている。幾何学の技術にしても、仮説を用い、原理や結論をいうけれども、それらがどうしてそうなったか、いうなれば「数学基礎論」が自覚されていない。前提・結論の、一致和合の知識が確立されることは、幾何学の領域ではできないであろう。

ディアレクチケー・メトドス[1)]（弁証術的研究）だけが、仮説を廃棄しながら、アルケー（原因・原理）そのものへ、向かって進んでいくのである。そのアルケーこそ、ここでは「初めそのもの」である。「それぞれのものがあるところのものそのもの」のことである。もっとも深く高い方法を用いる最高の学問、哲学の神髄は、ディアレクチケーなのである。それは、真理探究の最高の技術でもある。もし学問を教えるとすれば、その教える最後のものである。しかし、それは、だれにでもできるものではないだろう。弁証家の資格は、「総観することのできる者」である。

理想国の構造

国家建設の最大の善はなんであるか。また最大の悪はなんであるか。それらは、立法家が法律を制定するにあたってねらわなければならないものである。

まずわれわれのどれか一つの階級が、格別に幸福になることではなくて、国全体ができるかぎりそうなることである。それには、神的で思慮ある魂によって支配されることが、すべての人びとにとって、より善いことであろう。その支配者は哲学者である。哲人王が理想国の支配者にふさわしい。支配者というよりは統治者といったほうが自然であろう。ともすると愛知者は、無用な男だと見られがちである。しかし、その男が国の支配者とならないかぎり、国は禍《わざわい》からまぬがれないだろう、といったら比喩《ひゆ》とうけとられるだろうか。それとも、イロニーと聞こえるであろうか。

1)　プラトン哲学の方法のところで再論するから、そこを参照。

「哲学者たちが、国々において、王となるか、あるいは王たちが、ほんとうに、かつ十分に哲学をやって、政治的権力と哲学とがいっしょになり、今、哲学をやったり政治的権力に進んだりして別々になっている多くの人が、そのようなことができないようにならないかぎり、国々にとっても、人類にとっても、禍のやむことはない。またこれまでわれわれが言論によってのべてきた国制が、哲人王の実現なしには、陽《ひ》の目を見ることは決してない。ともあれ、これが、非常に常識はずれなことになる、とわたくしにわかっているものだから、語るのをためらってきたのである。なぜなら、これとはちがう国制では、個人としても、公共体としても、幸福になることはできないのを、見るのはむずかしいからなのである。」

当時においては、こういう発言は、覚悟のいることであった。『ポリテイア』には、右の論証の次に、こうのべられている。「あなたはよくもいわれました。しかし覚悟をなさい。多くのくだらない人たちが、今すぐに裸で、それぞれ手許《てもと》の武器をもって、とんでもないことをしようと、あなたを目ざして走ってくるかも知れない、と心をきめなさい。これらの人びとを、ロゴスで防戦し、逃げることができなければ、そのつぐないとして、あなたはなぶりものにされてしまうであろう。」その人たちこそ哲学者が支配しなければならない。ある人びとには、生まれながら、哲学にたずさわり、国の指導者にふさわしい人がある。しかし、そうでない人もあるので、その人びとは、指導者にしたがうのがふさわしいのである。それなら、理想国は哲学者か哲人王が統治することにして、いかなる政策と構想をもってのぞむのか。

そのことは、すでにのべた、徳のある人の養成、したがってあの教育、結婚と育児、いわゆる人間的人間の形成、そして学問もし、できるだけ愛知に近づくこと、などがそれにあたっている。しかし、さらに、国にとっての最大の善は、快と苦の共有にあることを念頭に立案せねばならぬ。しかも、国制は一度正しく出発すると、ちょうどリングのように成長していく。役にたつ養育と教育とが維持されることである。よい本性を植えつけ、また役にたつ本性がこういう教育にあずかると、前よりよい素質をもってくる。とくに子供を生む点においてそうである。さらにすでにたびたびいったように、正義が自然にしみこむように養うことにもなる。国の建設に、終始しなければならぬことは、正義なのだからでもある。そしてそれぞれの人は、国にある仕事のうちで、自分の本性にもっとも適しているものを、一つはしなければならない。

一人一人は、自分の仕事を、みなのものに、共通なものとして、提供しなければならない。一人の百姓《ひやくしよう》は、穀物を四人に供給する。そのために、四倍の時間と労力とをついやす。それぞれの人には、本性の違いがあって、一人で多くの術をするよりも、一つの術をするほうが、りっぱにできるからである。

なされるものは、なす人のひまをまつ気がない。なにかをする人は、かたてまの仕事でするのではなしに、そのしようとすることに、ついていかねばならないからである。

それならわれわれは、以上のようなことをするためには、四人以上の市民を必要とする。そうでなければ、それぞれの供給ができない。百姓は鍬《くわ》や鋤《すき》を作れない。大工《だいく》も自分の道具は作れないだろう。機織《はたおり》工も靴屋も同じであろう。たくさんの職人が国の共同者となるわけである。そして一国ですべてのものをまかなうことはできないから、ほかの国のものと交換するために、その国で必要なもの以上に作っておかなければならない。それはそれとして、自国内で作ったものの分配は、どのようにして行なうのか。

市場と交換、したがって通貨がいる。それぞれの人は、みずから交換売買に立ち会わなくてもすむように、身体が弱くほかの仕事をするのに役だたない人が、それにあたる。しかし、どうしても商人がうまれてくるだろう。それなら、その国では、正義と不正義はどこにあるのだろう。それらはなにといっしょに生じてくるのか。おそらくその国に住むそれぞれの人が、お互いに他を必要とするところにおいてなのであろう。そして自然天真でないもの、本物でないものを本物と見せかける人もあろう。こういう人の魂の無知は、若いときからの「悪い牧場」でうえつけられたかも知れない。やはり美しく上品なものの本性を、善い生まれつきによって、追跡していくことのできる、あの職人たちを探し求めなければならないのではないか。

若い者たちは健康地に住むのがよい。もしそこに住めれば、いろいろな利益をうるだろう。そこには八方から、有益な微風が吹いている。あの美しい作品から、かれらの視界にとびこむように、その風は耳にもぶつかって、幼いときから、知らず知らずのうちに、美しいロゴスに類似したものにさせ、友情と共感とをもたらすであろう。それには、やはり、個人にとっても、国家にとっても、「善い牧場」での職人を必要とする。

その職人は、そういう人、つまり「職人」だからといって、悪い者でも、無用でもない。「愛知者たちが、偶然の力、必然の力、いずれの力にとらえられたにせよ、国をおさめるようになり、国はかれのいうことにききしたがうようにされないかぎり、あるいはまた、権力の座にある人びとなり、王の座にある人びとの息子が、なにか神のような息吹きにふれて、ほんとうの愛知にたいするほんとうの愛に全身をそめないかぎり、国も国制も完全なものになることは、断じてありえない。」

哲人王

理想国の統治者は、哲学者の条件を満たしていなければならない。哲学者は愛知者である。愛知者が王の資格である。したがって、その国の存続は、哲人王の出現にかかっている。

愛知者とはだれのことか。真実を観ることを愛するものである。それが真の愛知者である。愛知者は哲学者でもあるか。そうである。それなら、知恵の欲求者である。だから、愛観者・愛技者・実行者などとはちがう。これらの人たちは、美しい声や色や形や、そのようなものからつくられたものを歓迎する。しかし、美そのものの本性を、かれらの心が見て歓迎することはできない。美しい事物は信ずるが、美そのものは信じない。こういう人たちは、愛学者であるかいなかもあやしい。食物を好ききらいして、口やかましくいう者を、腹がすいているとも、食物をほしがっているともいわない。愛食家と偏食者とはちがうのである。そのように、愛知者とそのほかの人とはちがう。真実を観るということ、そのもの自体を愛するということは、外形によってだけ分別できないだけに、容易なことではない。もし完全な愛知者になろうとするなら、勇気、大きな度量、学びのよいこと、記憶力などをもたねばならない。愛知的本性があるかないかは、これらの合唱をかなでられるかいなかでもわかるであろう。愛知者が哲人王でもあるかぎり、それはたんに、オーケストラの一パートではない。指揮できる座に位置し、またそうできるのでなければ、国家という人間集団の演奏はできない。だから、愛知者は、いつも愛学的でなければならない。真にあるもの、存在をえようと、生まれつき努力する。存在を知ったのだからといって、それぞれ一つ一つの真実にこだわり、それに安住してしまわない。個々の真実の総合に努力せねばならない。いつも、一つ一つの存在と真実をふみこえて前進する。できるかぎり存在の本性に、魂をふれさせる。魂にも、すでにのべたとおり、いくつかの部分があるから、それぞれのほんとうのものの本性に応じて、魂のそれに対応する部分にふれさせる。ふれられなければ、ふれられるまで、うまずたゆまず、恋人をしたうように、やめてはならない。そしてほんとうにあるものに接して、その存在とまじわり、ロゴスあるいはヌース（理性）とアレテイア（真実）とをうむのである。しかも、ヌースとアレテイアを、はっきりと見分け、判断して、真実に生き、それに育てられ、このようにして陣痛がやむ。しかしそれまでは、どのようなことがあっても陣痛はやまないのである。これが愛知者の第一条件である。

そこで、問題は「存在」、あるいは「ほんとうにあるもの」のことになる。それは「イデア」には相違ない。しかし、イデアにも個々のイデアがある。ここでは哲人王・愛知者が主題である。だから、かれらの真の対象となるべきイデアのことであるが、とくにその対象に相違があるはずはない。ほんとうにあるものは、「いつも同じままで同じ状態にあるもの」だからである。それに愛知者はふれようとし、ふれることができるのである。いつもさまざまに移り変わりながら、あるもののなかをさまよっている者は、愛知者ではない。その魂のなかに明確な典型をもてないからである。画家のように、もっとも真実なものに着目し、それにいつもつながりをもたせながら、正確に観る。つまり歴史の正体、社会の実体を観る。そうでなければ、美・正・善についての、この世の掟《おきて》を定めることなど、できないであろう。またすでに定めてあるものを、守護し維持することもできないであろう。哲人王は、もちろん、これらのことができなければならないからである。

統治者はそれぞれのことがらを認識しており、経験においても劣らず、徳その他の部分においても、だれにもおくれをとらない。同一の人が、どれもこれもできるだろうか、という疑問については、その人の本性を理解することにおいて、国の指導者たるの資格をもつと認められるであろう。哲人王・愛知者・哲学者の本性の理解において、われわれの一致をみることが、かれらを守護者にたてるかいなかの鍵である。かれらの本性は、いつもあって、生成消滅にまよわされない存在を、かれらのためにはっきりさせてくれるなら、いつでもそれを愛するという点である。しかも、ウシア（存在）あるいは「あるもの」全体を愛して、大小のいかんにかかわらず、その部分、貴重、下賤《げせん》いずれにせよ、すててしまうようなことはしない。偽《いつわ》りのない心も、その本性である。自分から偽りをうけ入れるようなことはしない。むしろ偽りを憎む。しかし、くりかえすまでもなく、真実は愛する。かれの欲望は、欲望であっても、愛に変形されており、学問とその対象である真理全体に、若いころから流れそそがれている。そのために、自分だけでもつ独居の快楽、すなわち、探究のプロセスの与える喜びは意識するが、肉体の快楽には無頓着《むとんちゃく》になろうとするであろう。真の愛知者であるなら、そうするのが当然である。しかも、なにごとにつけ節制があって、金にも無頓着である。金をしきりに求めるものは、はでに使うし、また使いたいから求めるのであろう。また愛知者も哲人王も奴隷根性がない。狭量でもない。

すでに明らかなように、愛知者の本性には、大きな度量と、クロノス（時間）全体と、存在全体へのテオリアとがある。こういう人には、人間をたいせつにし、人間らしく接する精神はあるが、人間の生涯がたいしたものだとは思われない。つまり、生への変な執着がない。死ぬことも、恐ろしいものだとは考えない。かれはきちんとしている。金銭にあくせくしないから、稼《かせ》ぎやでもない。したがって、やすやすと心を売ることもない。ほらふきでもない。臆病《おくびょう》でもない。したがって、不正な者になるはずがない。

さらに、愛知者の本性は、また、ものを学びとることがはやい。なにかをするのに、苦しみながらすることはない。どうにかこうにか、すこしばかりのことをするのではない。忘却がすくない。魂が節度に満ちているから、真実を節度の同族として考えうけとることができる。かれ自身の本性は、このようなものであるから、それぞれの存在のイデアへと導かれ、個々のイデアを総観しやすいものといわなければならない。こういう本性をかねそなえている人に、国家をまかせることに、だれひとり反対する者は、おそらくいないであろう。この本性に加えて、さらにかれの学習が強化されるならば、さらに成長し、かならずあらゆる徳の王者に、完全に到達するにちがいないからである。

最善の人がもっとも幸福で、最悪の人がもっとも不幸であるか。プラトンのこれに対する答は、すでにのべてきたことで、明らかである。理想の国家建設への序曲において、最大の善と最大の悪への認識が前提されていた。善と悪とはなんであり、どういう状態であるかが知られていないかぎり、悪をこえ、それを征服して善にあずかることはできない。

終曲

プラトンは純粋であった。しかしそうなれたのは、現実への楽観視ではない。パトス（情感）を征服し、ロゴス（理性）によるイデアへの道をひたすら登りつめようとする、かれの愛知的意欲によるのである。かれにおいて、ロゴスはたんなることばでも美名でもなかった。どういうことでも、そのことにたいする、言論による理解と一致を、正しさのうらづけとしている。そうだから、そうであり、そうならねばならぬ。「自明の理」が、原動力となっている。しかし、そうならぬ現実であることを、かれはよく知っていた。むしろ、そうならぬがゆえに、かれの理想は持続されたかも知れない。すでにわれわれの心の働きが、一つのものが、一つに見えたり、二つに見えたりする、その曖昧《あいまい》性と同居している。だから、それをはっきりさせて、魂を安定させようとする。対立が、志向の契機であることを、かれも認めている。たえず仮説をふみこえていく。しかし、そうだからといって、現実が不正に満ちていてよい、というのではない。たしかに、それが善なる現実への志向の媒体《ばいたい》ではある。このアンチノミー（二律背反）、この奇妙性を明らかにし、たえ

音楽の授業

ずふみこえていかねばならない。この怪物は、あとからあとから、ときには前からもわいてきて、この奇妙な人間、哀れな姿、悲惨さの実体はなんであるかと、考えに沈ませてしまうほどである。

　プラトンの時代には、クレテ的スパルタ的国制があった。それはかれによれば、多くの人にほめたたえられているものである。寡頭制もあった。民主制・僣主制もあった。寡頭制はおびただしい悪をはらみ、民主制はこれと反対であり、僣主制は高尚で、あらゆる政体よりすぐれているが、それらはもっともひどい病気だ、とかれはみている。さらに、デュナステア（法律によらない政治で、主権は父子相伝の制体）があるという。プラトンにはそれらのどの国家の制度も、満足できないものであった。そこでポリテイア（理想国）の構想とその実現にのりだした、ともいえる。しかし、それは挫折に終わり、その構図としての著作全一〇巻が、われわれに残されたわけである。そのなかにはこれまでのべてきた以外に、さらに多くの注目すべきものがある。「イデア論」「洞窟の比喩」など、その代表的なものであるが、われわれは内容の関係で、それらをあとでのべることにしたのである。

理想国における人間の条件は、魂とそれの生きる現実とのハルモニア（和合）を、あくことなく求めていくことに、かかすことのできない愛知者の精神の形成にある。またそれぞれの人は、自分の本性にかなった仕事を一つだけはしなければならない。しかもそういう国家には必要でないはずの、他人が必要になることから、悪も不正義も生じてくるのである。であるから、愛知の精神にはいくら気をつかっても、つかいすぎるということはない。そうでなければ、かりに、哲人王による理想国が実現しても、それをもちこたえることはできないであろう。それぞれの人が、今ある現実をすこしでも理想国に近づけるためには、以上のべてきたすべてのことを、身をもって実行する以外にはないだろう。このようにしてプラトンのポリテイアは、哲学的交響楽団が、哲学者王の指揮のもとに、「ソフィアーシンフォニー」をかなでる、オーケストラになるはずではなかったか。

＊　典拠となったおもな対話篇と文献　プラトン『ポリテイア』（理想国）、J・アダム『プラトンの国家』（全二巻、第二版、ケンブリッジ大学出版、一九六三年）、J・E・レイブン『プラトンの制作の思想』（ケンブリッジ大学出版、一九六五年）

学の形成とその方法の成立

――弁証法の世界――

ロゴスとドクサとデアイレシス

すべてのものはそのものになりきることはできない。もしなったとしても、そのときにはなったという確証がない[1]。人は人であり星は星である。人と星とのあいだには、見、ながめるという人間からの一方的関係があるにすぎない。星をたよりに旅をし、目ざすところについたのは、古人だけではないだろう。しかし星は、そういう人間のことをなにも知らないし、また知ろうともしない。

もし古人が、あるいはだれかが、星について語らなかったら、星が夜道のたよりになることを、人はみずから経験するまで知らないであろう。経験は「語ること」を強《し》い、語られた経験は技術となっていきる。しかし人は、経験を経験するだけで、技術そのものにはなれないのである。一度経験したことをやって見せることは、前のことの模倣にすぎない。このできないものがあるということは、じつにたいしたことなのである。人は星になることはできないけれども、星について話すことはできる。「できる」「できない」とい

1) 「善のイデア」はその一つだけの例外ではないか、という疑問もあるだろう。しかし、それには、なるとか、ならないという問題はない。それは、唯一永遠の同一性だからである。

うことは、「経験」が土台になっているけれども、また「心のなかの一致」があるかないかがさせるのだけれども、できないのは「星そのもの」になれないということである。「語ること」は、ある意味で無限であるが、語られたことそのことになることはできない。「できない」といわれるのは、「事実によるうらづけがない」ということである。しかし見る視点があって、見たものを語ることは自由であろう。「語ること」は無限な領域を確保し、経験は有限にうらうちされている。そして「技術」は、まんべんなく用いられるから、そのつど改変のせとぎわにたたされている。

ロゴスの意味は、プラトンにおいて、「論証」「議論」「理性」「ことば」などであった。「数えること」でもある。「語ること」もロゴスである。それは「技術」とむすびつき、またそれに匹敵する。経験を語ることは、技術を語ることでもある。それらは事実にうらうちされているから、光となって心を照らし、それを耳にしたほとんどの人の心を共感へと導く。しかし完全にではない。もし完全にであれば、語られることはないだろう。ロゴスはかつてあったし、今もあり、これからもあるであろうところの、そういう「ことがら」「もの」を含むのであるが、あくまでも現在においてなのである。この「含む」ということが、もし今だけであるなら、ロゴスも無限であるとはいえない。技術もいつかは改められるように、ロゴスも内容の変更をよぎなくされることになる。このことは、そのものになりきることができない、ということばかりではなくて、ロゴスにロゴスをつみかさね、どのように迫っていっても、つかめないものがあるということではないか。

たしかにプラトンにはそういうものがあるのであった。それがイデアである。そのイデアのなかでも、すでに素描した「第五のもの」である。しかしイデアには、「一」のイデア「二」のイデア、「石」のイデアというように、個々のイデアがあるのでなければならない。そうでなければ、デアイレシス（分割）の問題はおこらなかったであろう。ロゴスは一応の終点をもつのである。これは家であり、それは人であることが、ロゴスにおいてはっきりできる。しかし、あるということはわかっているが、はっきりことばにあらわすことができないものがある。それがたった一つしか絶対にないイデアなのである。それは美のイデア、善のイデアともいわれる「第五のもの」である。それあるがゆえにすべてのものがある。それは「ある」といわれるすべてのもののアルケー（根源）である。原因である。

その「ある」ということの探究とはあくをめぐって、プラトン哲学の方法の世界が成立している。星をいただく夜の道が、目ざすところに通じているのは、人と道と目的地のうえに、星がきらめいていたからであろう。しかし、星を手でつかむようには、つかむことはできない。だがそのばあい、星はなければならなかったのである。そのように、プラトン哲学の世界は、美のイデアを頂点に、人間を含むすべてのものと、それらを明らかにする方法をささえるロゴスとが、底辺になって成立しているように思われる。

ロゴスが方法の要である。ロゴスがクライテリオンである。個々のイデアをつかむために、ある対象を分けられるうちは分けていって、それ以上分けられないものにたどりついたことを照らす基準は、ロゴス以外にはないだろう。しかしロゴスは、デアイレシスによって、その生命を保証されている。ロゴスはドクサ

（臆見）を純化する。たとえば、「一」はたくさんあるが、「この一」は一つしかない。そのかぎり一は、「一」であり「多」なのである。「この一」は限定された一であり、「多くの一」は無限定の一である。ロゴスは「一」と「多」の両方に働いている。一であり多であることをわからせているのは、ロゴスであり、その作用である。

「一」と「多」、「限定」と「無限定」、その対立が原理となっている。一つの石は、そのかぎり、そのものとしては、一つでも多でもない。たんなる物体にすぎない。それに見る視点がくわわり、「この石」と限定され、「これは石である」と判断されないならば、石が「ある」ことにはならない。「石がある」ことになっても、ほんとうに石であるかいなか。石であると思っているかぎりは、ドクサ（思いなし）にすぎない。それは臆見の段階にとどまっている。まずほんとうに石であると思い、なぜ石であるかを説明しなければ、石の知識とはならない。石を石として語るかぎり石にたどりつくことはない。丸い石といっても、丸い石はたくさんある。石は「かたい」といっても、かたいものはたくさんある。それらはみなドクサである。ドクサにドクサをつみかさねても知識にはならない。「こうである」「ああである」とただわけもなく説明しても、真なるロゴス（言論）が加わったことにはならない。メトドス（方法）がなければならない。星であることをいうには、星のなんであるかをいわねばならない。それが星のロゴスである。そのロゴスは、ある「すじみち」をへなければならない。それがドクサをロゴス化して真なるものに進むデアイレシスである。プラトンにおいては、「すじみち」が「方法」であり、それによってイデアに迫ることが「デアイレシス」であった。

デアイレシス　デアイレシスとは、分割ということである。あるものを明らかにするために、対立するものをあげていき、もうそれ以上「分けられないもの」（アトモン・エイドス）に到達する。これを方法概念として用いるとき、「分割法」ということができる。

「あるもの」とは、エイドス（形相）をさしている。エイドスとはそのものの固有の性質をいう。石には石の、家には家の、星には星のエイドスがある。星は見える。家も見ることができる。そのかぎり、見えなくなるし、見えなくなるときもある。見えるものは、視界から去る運命にある。しかし、われわれは見えない星を知っている。かつて見えたことがあるからか。そうかも知れない。家をじっさいに見ていないときでも家を知っている。なぜか。家のエイドスを知っているからである。家とはこういうものだ、ということを知っているからである。つまり、家の「形相」を知っているのである。それは見えない。どうしたら見えないそれをつかめるか。デアイレシスは、個々のそれぞれのもののエイドスを認識する方法でもある。

しかし、デアイレシスは、そう単純なものではない。手あたりしだいに分ければいいのではない。かりにそうしても、「魂の純化」ができるわけではない。それはロゴスによらなければできない。プラトンのデアイレシスは、ソフィステス（学者）の方法であった。もちろん、それを、フィロソフォス（愛知者）も用いる。しかし学者は、かならずしも愛知者ではない。プラトンは愛知者がデアイレシスを用いるとき、魂の純化ができると考えている。それはなぜであろうか。ディアレクチケー（弁証法）とつながりをもつ、たいへんな課題である。弁証法は、理想国論のなかで、哲学者の生命としてあつかわれ、プラトン哲学の方法の核となった。デアイレシスは、その弁証法の含む一連の方法の一つである。学者が愛知者になれるかいなかは、弁証法の方法とその精神を身につけていて、デアイレシスをするかどうかにかかっている、ともいえるであろう。このことは、『政治家』『ソフィステス』『パルメニデス』『ピレボス』などの対話篇に、よくあらわれている。分割法は「問答法」とならんで、弁証法の底辺であり、そのものだといえるのである。しかし、弁証法は分割法をつつみ、そのよってたつ精神においても高度である。学者は分割法を用いることができても、弁証法とその精神に徹しきれるときがなければ、真の愛知者とはいえない。学者と愛知者との相違の一つはそこにある。それによって、哲学と政治学、その他の学問とのちがいもうまれてくるのである。方法は諸学問の母であることはいうまでもない。プラトンはそれぞれの学問への方向を、明らかに暗示した。

今は分割法が問題である。それはドクサを純化してロゴスにたかめる方法でもある。それぞれの人は、そう思いこみ、自分だけで正しいと思いなしているばあいがある。それがロゴスにたかめられたとき、ひとりよがりの意見ではなくなり、多くの人の心を共通に満たすものとなる。たとえばドクサは、ピステス（信念）とエイカシア（想像）とに分けられる。信念は経験界とつながり、想像は影像界とつながっているが、プラトンによれば、どちらも変化する世界であり、したがって、見ることのできる世界である。見える世界は、あらわれては消え、消えてはあらわれるような現象界である。その世界はほんとうにつかむことはできない。いつも変化しているからつかみようがない。いうなればドクサの世界である。したがってドクサは、「ほんとうにいつもあるもの」をとらえてはいない。それがドクサについてのロゴスである。ドクサのロゴスとは、ドクサとはこういうものだ、というそれの共通性をになっている。したがって、いろいろなロゴスがあるわけであり、デアイレシスはそのロゴスをつかむことの方法でもある。その分割法をくわしく図解すれば、次のようになる。

- 術
  - 製作術
    - 影像をつくる術
      - 幻像の
        - 言論での模倣
          - 対象を知らずに
            - ずるい心で
              - 問答によって──ソフィステス
              - 長広舌によって
            - 正直な心で
          - 対象を知って
        - 道具での模倣
      - 似像の
    - 本物をつくる術
  - 獲得術

この分割法が、それぞれのもののイデア、すなわち、もうそれ以上に分けられないものを、つかむ一つの、しかも有力な方法であった。それを、じっさいにやってみなくとも、ことばで説明しただけで、自分にも他人にもわかるのは、ロゴスがイデアをメタラムバネーン（分有）しているからである。つまり、ことばにことばをかさねていって、いおうとすることが表現でき、また伝えることもできるのは、いおうとすることについて、「ああそうだ」という観念があるからである。ところが、プラトンにおいては、観念がことばをうみ、いつも対話をするときの心の核となっているのではなかった。あやまった、不正確な観念をもっているかも知れない、という反省が同時に行なわれるような方法をもって、対話も、表現も、探究も進行する。

つねにとどまることを知らない不屈の精神が、ドリルのように「真実在」に向かっている。そのことは、「唯一絶対のもう完全に分けられないもの」がある、という確信があったからにせよ、それにたどりつく方法にもささえられていたのである。それがディアレクチケーにほかならない。弁証法は、知識の対象で、しかも「ほんとうにあるもの」への道となる。分割法が、個物のイデア、アトモン・エイドスを発見する道であるとすれば、弁証法は個物それぞれのイデアがあるということの、またそれらがそれあるがゆえに「ある」ことのできるもの、すなわち「第五のもの」への道である。その方法によって、プラトン哲学は、完全に「学」の領域と次元をつかんだのである。

ディアレクチケー　弁証法はプラトンの独創である。それには、たしかに、ヘラクレイトスのロゴス、すなわち「万物はいつも動いていて止《とど》まることがない」、パルメニデスの「有るものはある、ないものはない」、ソクラテスの対話法と知を愛し求めてやまない精神などが、その背景となっているであろう。しかし、それを哲学の方法としたのは、プラトンが初めてであろう。弁証法はかれ以来ずっといき続け、近代になって、さらに強力な学問の方法となった。

かれはそれを、発展の余地を残しておくかのように定義してしまうことも、固定した概念とすることもなかった。あくまでも、その精神と、それの目ざす対象とを語った。ディアレクチケーは、ディア・ロゴスなので、「ロゴスによって」「ロゴスをとおして」という対話の意味である。ものの考え方の一つのタイプではあるが、矛盾対立をアウフヘーベン（止揚）していく総合作用、というようなものではなかった。それなら、プラトンのディアレクチケーは、たんなる「対話」にすぎなかったであろうか。

J・シュテンツェルがその研究に『プラトンの弁証法の方法』[1]という、一冊の書物をささげたように、内容は高貴にして多様である。弁証法はたんなることばのやりとりではない。それは序曲にすぎない。その本曲は、なによりも、思惟の世界のものだということである。たとえば、それを、見る力と見るものでいうなら、ほんものの動物を、それからほんものの星を、最後にほんものの太陽をながめようとするものである。思考にたとえれば、見たり感じたりしないで、道理にしたがって判断する力だけを用い、「それぞれのものであるところのものそのもの」につき進むことである。そして「善であるところのものそのもの」をつかむまではやめない。また「美であるところのものそのもの」にたどりつくまでは、すこしもひきさがらない。そして思惟の終極に到達する。それは魂のなかにあるもっともすぐれたものを、存在するもののなかの、もっともすぐれたものの観照に導くことである。弁証法はその力をもっている、というのである。存在するもののなかのもっともすぐれたものとは、「善のイデア」をさしている。それをそう「思われるかどうか」という点についてではなく、そう「あるかどうか」という点について、徹底的に吟味する。ということは、ロゴス（言論）によって「善のイデア」を、ほかのいっさいのものからひきはなして、それを定義することである。それらのことを、つまずきのないロゴスによって、終わりまでできなければ、「善そのもの」も

1) プラトンの弁証法についての画期的な研究書で、私(著者)が使用したのは、D. J. Allan の英訳 "Plato's Method of Dialectic" である。

そのほかの善も、なに一つ知っていない、とプラトンはいうのである。だから、かりに、どうにかして、善のイデアの模像にふれたとしても、それはドクサによってであって、知識によってふれたのではない。そのかぎり弁証法だけが、「善のイデア」への道である。こうして、弁証法は、もろもろの学問のうえにおかれ、そのうえに、もはや他の学問がおかれることはない。

　魂のすぐれた第一の部分は知識である。第二の部分は悟性的知識である。第三の部分は信念である。第四の部分は臆測《おくそく》である。ドクサは信念と臆測とを合わせたものである。思惟は知識と悟性的知識とを合わせたものである。弁証法はこれらのなかの知識とむすびつくことになる。その知識は、「善のイデア」についてのそれである。それを保証し、ささえているのはロゴスである。したがって、その存在についてのロゴスをとらえている者は、弁証家とよばれるわけである。

メテケイン

　プラトンの弁証法は、「ほんとうに存在するもの」をつかむ方法であった。すなわち、「善のイデア」[1]に通ずる道なのであった。その方法で、あるいはその思惟の道によって、「善のイデア」にぶつかったとき、魂はどうなっているのであろうか。その魂と善のイデアとのつながりの仕方を、あるいは個々のイデアがイデアであることの保証を、プラトンはメテケイン（関与）とよんでいる。

1)　それについては、最後の章を参照。

メテケインは、たしかに、ほんとうの存在に、「あずかること」「かかわること」である。その問題と「一者」などを論じたのが『パルメニデス』である。その対話篇のなかで、「真の存在」は、ト・ヘン（一者）という名前でよばれている。一者に「あずかる」とか、一者をメタラムバネーン（分有）する、ということが何を意味し、どういうことであるかが盛んに議論されている。したがって、メテケインは、思惟と存在とをむすびつける、見えない心の糸である。その意味で、それはプラトン哲学の一つの大きな鍵である。

弁証法による思惟の登り道を、「真の存在」に向かってようやくたどりつき、ふとそれにあずかる。それなら、その「あずかり方」を、あらかじめ知ってしまえば、プラトンの哲学を征服できるのではないか。それは無理である。やはり、プラトンが『フィレボス』のなかで、

わたしがいつも愛している道よりも美しい方法はないし、あることもできない。しかしその道は、しばしばわたしをひとりにし、困難におちこませた。

といっているように、かれが「いつも愛している道」を、われわれもとおらねばならない。その道が弁証法だからである。さらに『ポリティコス』（政治家）では、「……人が多くのものの共通性を知ったならば、そのなかに含まれているいろいろな差違を、すべて知るまではやめるべきではない……」といっている。そのように、弁証法の道をひたむきに歩かないかぎり、「真の存在」にあずかる次元にはいたらないのである。メテケインは、それからの問題といえるだろう。しかし「善のイデア」に「あずかること」は、その方法があることを意味している。それは「善のイデア」を知ることにほかならない。それなら、「知ること」

と「あずかること」との相違があるのだろうか。それはプラトンの「存在の世界」「形而上学」の問題である。

＊ 典拠となった対話篇　プラトン『理想国』『テアイテトス』『ソフィステス』『政治家』『パルメニデス』『ピレボス』、J・シュテンツェル『プラトンの弁証法の方法』（ニューヨーク、ラッセル社、一九六四年）

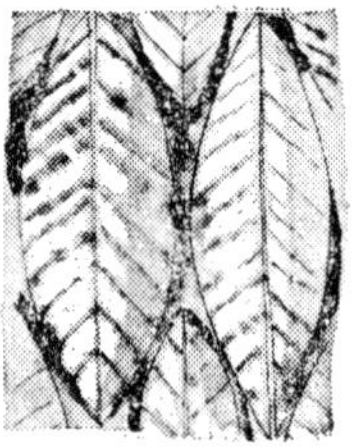

純粋存在と現象の世界

——善のイデアとそれにあずかるもの——

知識

それはどこかにあるというようなものではない。知識はすでに事実から自在な次元に高められている。それは一度獲得されると、考えたり、話したり、行動したりするばあいに、強力な武器となる。したがって、知識は精神と共にあり、特別な場所をもたない。プラトンはそれをエピステーメーとよんでいる。それを追求したかれの代表的な著作は『テアイテトス』である。

しかし、その対話篇をここで解説するのが目的ではない。プラトンにおいてもそうであったように、あくまでも「第五のもの」、すなわち、「善のイデア」に迫るための一階段にすぎない。しかし、エピステーメーに達するには、すでに三つの階段を登っている。「名辞」と「定義」と「影像」である。見えるものには、それぞれ名前がある。「山」「川」「海」「机」のようにである。しかし、「魂」「心」、あるいは「空気」のように、見えないものにも、名前がある。それらには、それぞれ、ほかのものと区別される本性がある。それは、それぞれのフュシス（実在）であり、ウシア（実体）である。プラトンのことばでいえば、エイドス（形相）である。もしそれらが、名詞と動詞、主語と述語で、はっきり断定されたかたちで表現されるならば、「定義」がえられるだろう。その定義は実体や形相をいっているはずである。すくなくとも、山の定義と心の定義を知れば、それらの相違が観念として、つかめるはずである。そのものの定義は、そのものの影像と本体とでいえば、本体をいっているにちがいない。その本体、つまり形相は、だれにいっても、ああそうだ、となっとくできる観念である。すなわちイデアである。それは、だれが考え、だれに伝えても、「たしかにそうである」と肯定されるものであろう。もしそうなら、それこそ知識ということができるのではないか。知識はあるものについての観念であり、影像のようにあったりなかったりしない。しかし、「影像」という「名前」があるかぎり、それにもその定義、本体とはちがう根拠がある。だから「影像」の「イデア」もあることになる。もしないなら、「影」と「本体」との区別ができないことになろう。影とはこういうもので、本体とはこういうものであるから、それらはちがっている、ということができなくなる。だからプラトンは『パルメニデス』のなかで、「あらぬもの」「ないもの」には、名前も定義も知識も意見もない、といったのであろう。「あらぬもの」は「有」の反対概念ではない。それなら「無」かといえば、たんにそうではない。メイ・オン（非存在）の世界にはちがいないが、それがなにを意味するのか、どういうものをさすのか、はっきりしないのである。プラトンにはそれ以上の問題があった。知識に到達し、以後、さらに「第五のもの」の知識にどうやってあずかるかということである。

ノモイ『法律』篇はプラトンの絶筆とされているが、これになると、存在は「名前」と「定義」と「実在」の三点にしぼられている。ある意味で純化されたわけである。しかし『第七の手紙』で「第五のものの知識に完全にあずかることは、到底できないであろう」といわれているように、いぜんとして知識は問題なのである。しかし、このばあいのそれは、「知識の対象で真にあるところのもの」としてである。『テアイテトス』でえられた知識は、「真なるドクサ（思いなし）にロゴス（言論）がくわわったもの」であった。しかしそれも、プラトンの最終結論ではない。それは知識の一応の定義である。知識というものの一つの概念である。一応の定義であり、一つの概念にすぎないのは、「第五のものの知識」となると、定義することはアポリア（困難）だからである。なぜであろうか。「善のイデアの知識」だからである。それは純粋存在の世界であり、見たり、さわったり、感じたりできるような、そういう現実の世界とは、完全にちがうのである。

存在

「ほんとうにあるもの」とはなんであろう。あったりなかったりするものではないことは、たしかである。なぜたしかといえるのか。それが存在の一つの問題である。

それはじっさいにどのような状態をしているのであろう。しかし、状態なら見えるが、真の存在は見えないであろう。それは情態ともちがうであろう。まず「存在」という名前、その名詞は、ギリシア語の「オン」にあたっている。ト・オン（存在するもの、存在者）ともいわれている。ドイツ語のザイン、英語の being も「存在」である。その「オン」は、これまで多くの哲学者、あるいはそれに関心をもつ人びとを、たいへんなやませてきた。なぜ、どういうふうに、なやまされたのか。その変遷は哲学史の課題でもある。しかし、ほんとうのなやみのポイントがあるはずである。それが、現代の哲学者をも苦しめている。「存在」がわかれば、ほ

現代のアテナイ（アクロポリス）

かのいろいろな苦悩やうたがいが、一瞬に晴れるのだろうか。プラトンの『ピレボス』をひらくと、われわれの関心のまとである、快楽や苦痛が、それとのつながりのもとに論じられている。『パルメニデス』では、ト・ヘン（一者）という名前のもとに、「善」とか「美」との関連すら、追求されている。また『理想国』では、「存在」は「善のイデア」「美のイデア」が、最大・最高・永遠とされている。プラトンの存在についての考え方は、純粋で、しかも形而上学的である。かれの思想から、「ほんとうにあるもの」を、きりはなすことはできない。それはかれの存在についての考え方、あるいは存在のピラミッドの頂点を形成しているのである。

　プラトンのいう存在は、「善のイデア」を頂点に、多くの「イデア」をちりばめている。だから「存在」は、まず「イデア」だと考えてさしつかえない。その「イデア」にあたるものが、ほかのことばでもいわれている。たとえば、ト・ヘン、エイドス、ト・オン、ウシアなどである。ト・ヘン（一者）は、プロチノス[1]のそれとは似ているが、ちがう。それは、机のイデアとか、木のイデアなどとはちがっている。イデアのなかでも、最高の、善のイデアに近い次元をしめている。「一者」があるがゆえに、木とか机のイデアがあるといえるよう

1）紀元二〇三〜二六九年のエジプトに生まれた新プラトン派の創始者。

な、そういう純粋の存在である。この机は燃えれば灰になってしまう。しかし、ほかの机とか、「机というもの」はなくならない。それは「一者」を分有し、それにあずかっているからだというのである。エイドス（形相）は見ることができないが、見えるものそれぞれの本質である。プラトンがいうように、「イデアは知られるが見られない」のである。エイドスもそうである。たとえば、書かれた「一」は見られるが、消せばその一を見ることはできない。しかし、一の本質がなくなったわけではない。一は二とちがうことを、われわれは知っている。「書かれた三角形」は、消されて見ることはできなくても、「三角形の内角の和が二直角である」ことを知っており、それを説明できる。それが三角形の観念であり、形相である。だから形相は、ヒュレー（質料）とはちがう。ヒュレーは素材であり、見えるもの、したがって書いたり、消したり、燃えたりすれば、なくなってしまうメイ・オン（非存在）の世界である。さらに、ト・オン（存在者）やウシア（実体）は、プラトンよりもむしろアリストテレスの哲学において、重要な概念となった。

そのアリストテレスは、ト・オン・レゲタイ・ポルラコース（存在はさまざまに語られる）というところから出発する。それをさがし求めた『形而上学』ではプラトンのイデア論が批判されている。たしかにイデアは、目の前にある現実的なものではない。それに内在するか、それを離れているか、ともあれ「このもの」ではない。しかし「この花」にせよ、花があるといえるのは、イデアがあるからだと考えられている。そしてプラトンは『パルメニデス』のなかで、「イデアはイデア相互の関係をもち、われわれはわれわれ相互の関係をもつだけである」というのである。イデアの世界とわれわれの世界とは、別にされている。そこには

「断絶」がある。そのかぎり、イデア界は「離在」しているように思える。しかも、イデアが問題にされるのは、その断絶をのりこえようと努力することなのだろうか。それとも、すでにのべた「分有」とか「関与」ということによって、われわれとイデアとはつながっているのか。すなわち、イデアは唯一の善のイデアにあずかってイデアであることができるように、われわれとイデアとは、「あずかり」「かかわること」によってつながっているのであろうか。

しかし、「断絶」とか「離在」ということが、われわれに「わかる」のは、なぜであろうか。「わかる」ということは、それらの「意味」が理解できる、ということなのだろうか。いったい「なに」が「わかる」のであろうか。「意味」がわかるのだとすれば、それはどういうものなのか。「わかる」というのは「心の働き」である。それには、その対象としての「わからせるもの」がある。それが意味であり、「なに」にあたるものであろうか。「断絶」とか「離在」という事象がなければ、それらの意味もないか。意味が観念であり、それがイデアなのか。もしそうなら、イデアはどこかにあるというものではない。そして「イデア」が「存在」であるならば、それもどこにもない。しかし「イデア」ということばを用いて考えれば、いろいろなものがわかり、区別できるから、そういうことでイデアがあり、それが存在といわれているのか。「イデアはいくら用いても考えてもどういうばあいにもなくならないもの」だから、「があるもの」ではなくて、「であるもの」なのだろうか。それとも、イデアは、語ること、考えること、知ることのすべてがそれに集中し、またそれからでてくるような、そういういっさいの根源であろうか。

イデア

「いつもある」ということで、イデアはすぐれたものである。「もっともすぐれたものは、ほかのものによって、変化されたり、動かされたりすることが、もっともすくない。」だから、「すぐれている」ということは、「美しいもの」とか「善いもの」だけではない。「正」にしても「不正」にしても、「それ自身」は一つである。イデアは、それぞれのものそのもの、すなわち、それぞれの「真実」をさしているのである。

それぞれの「真実」は無数にあるわけではない。「一」の真実は一つしかない。不正にしても、不正そのものは一つしかない。しかし、それらが、行動とか物体とむすびつくと、多くあるように見えるのである。しかし、イデアは『理想国』でいわれたように、「知られるが見られない」のである。そこで真実を知ることがむずかしくなる。美にたとえれば、多くの美しいものを信じてしまうことになる。見た目に美しく映れば、それが美のすべてだと、思いがちである。しかし、美のイデアは、ことばであらわせば「美そのもの」である。それは美そのものに、いつも同じままに、同じ仕方でとどまっている。ところが、「多くの美しいもの」には、醜《みにく》いものとしてあらわれてくるものがある。「多くの正しいもの」には、不正なものとして、あらわれてくるものがある。だから、美しくなったり、正しくなったりするにも、二つの原因がある。その副原因と原因そのものである。プラトンはそれらを、『ポリティコス』で、「生成の副原因と原因そのもの」といった。イデアは原因そのものである。もしイデアを「一者」ということができるならば、『パルメニデス』でいわれたように、「一者が存在しなければ、すべてのものは存在しない」ともいえる。木がなければ、その影はない。しかし、太陽がなければ、木も影も見られない。「一者」はその太陽にもたとえられるであろう。であるから、このばあいには、イデアを三つの段階において考えることができる。太陽が一つしかないように、唯一絶対完全にして永遠のイデアは、一つしかない。それがプラトンのいう、「善のイデア」といえよう。木にはそれのイデアがあり、花にはそれのイデアがあって、木と花が区別できるように、それぞれのものには、「それぞれのものそのもの」としてのイデアがある。そのイデアは、名前をもってよばれる、それだけのものの数だけある。そしてそれだけの影をともなっている。太陽とそれぞれのものとの関係は、善のイデアと個々のイデアとの関係のように、イデア相互の関係をもっている。

そこで多くの人は、イデアらしきもの、すなわち影にこだわってしまう。花を見て花そのものを、三角形を見て三角形そのものを知ることは、たしかにむずかしい。花とは何ですか、三角形とは何ですか、と問われてすぐそれらを定義できる人はすくない。多くの人は、真実と影とのあいだをさまよいがちである。ということは、幸福なら幸福を認識するのではなくて、それを思いなすだけなのである。臆見するのである。美そのものを観《み》ないで、多くの美しいものを見てしまう。美しい声や色にこだわってしまうのである。多くの正しいものは見るが、正そのものを観ない。つねに同じままで同じような仕方であるものを観ない。

しかし、それぞれのものそのものはイデアであっても、個々のイデアであるから、唯一永遠のイデアそのものではない。一つ一つのイデアは、イデアそのものとしての「善のイデア」を「分有」し、それに「関与」しているあいだだけ、「イデア」であることができる、というのである。

善のイデア

善のイデアとは、認識されるものには真理を供給し、ものごとをはっきりと見分け判断するものには、その能力を配り与えるものである。認識されるものとは、一つ一つのイデアをいい、認識するものとは、個々のイデアを探求し、それをはあくする理性をさしている。だから、善のイデアは、真理と知識との原因なのである。

一つ一つのイデアは、それがほんとうの存在であることの保証を、善のイデアがしていることになろう。それは一つ一つのイデアが「善のイデア」にあずかるということである。そして、それに「関与」し、それを「分有」しているかぎり、真の存在である。ゆえに、イデアについてのロゴスが知識であるが、それも「善のイデア」に究極する、といわねばならない。したがって、「善のイデア」は、一つ一つのイデアと魂とのつながりにおいて、唯一永遠であることの証明ができるような存在になっている、といえるだろう。しかし、その「善のイデア」が「第五のもの」の知識であり、それに完全にあずかることは、とうていできないといわれている。

善のイデアを完全につかむことはできないにしても、知ることのできる世界においては、それが最後のものである。それはなかなか見られないし、知ることもできないものなのである。しかし、見られたならば、知られたならば、あらゆるものにとって、あらゆる正しいもの、あらゆる美しいものの原因であることがわかるであろう。であるからそれは、見られる世界においては、光と光との中心となるものをうみだすのである。思ったり考えたりすることのできる世界では、それ自身が中心となって、真実と理性とを供給するものである。

思慮ぶかく、しかも正しく、美しく行動しようとするものは、「善のイデア」を観ようとしなければならない。善のイデアが最大の学問であり、これを正しいものも、その他のものも、合わせ使用することによって、有用なもの、利益のあるものとなる。プラトンは、このように、はっきりいいきっているのである。

すでに明らかなように、善のイデアは、どこかにあるというようなものではない。いうなれば「知識の知識」「理想の理想」である。「純粋思惟」「純粋理想」といえるだろう。「純粋観念」とも考えられるであろう。もしそれのありかたにとくにこだわるとすれば、善のイデアは魂のなかにしかない。しかも、魂がそれをひたむきに探究し、それにあずかろうとしている、そういう魂がふとそれを分有する、そのときにある、それは純化された魂においてしかない。ディアレクチケーによって、思惟による善のイデアへの道を、ひたむきに登りつめようとする、その魂の純化のプロセスの究極にあるのであろう。

現　実

それにくらべて現実は、うつろいやすく変化に富み、その時その場で見られたものが、いつまでもそのままの姿であるわけではない。この現象としての現実を通して、知られたかぎりのそれを現実としないならば、人はいつも多くの幻影に惑わされてしまう、というのがプラトンの現実観であった。今、世界の現実は、一人一人の人間としての真価を本質的に問うかのように、かつてないきびしい表情でわれわれに迫っている。それはプラトンをして、理想国を構想させ、その実現へと、かれの全情熱と英知を傾けさせた、あの悲惨なアテナイに比較できるかも知れない。人類が一つになって人類国家を建設しえないまでも、現代のそれを描き、それに向かって全力を傾注しないかぎり、全生命は全滅の危機にさらされる。

プラトンは現実をさけて通ろうとはしなかった。そのことは、理想国実現への意欲と行動とその構図にあらわれている。しかし、あまりにも理想的でありすぎた。その哲学も理想主義、観念論の典型である。そう思うことはやさしい。すでにいったように、きびしいと思った現実を自分もつくり、したがって、そのなかに自分も含まれているのであれば、その矛盾がそう思った人の内面と現実から、まずのぞき去られるように努力されないかぎり、いつも人は与えられた現実にあまんずることになろう。さらに、思うこと、考えることの多くが現実の投影であるとしても、見られた現実よりも、知られたそれを現実としないかぎり、人は多くの幻影にまどわされることになろう。プラトンは、『理想国』のなかでのべた、あの有名な「洞窟《どうくつ》の比喩」において、影しか知らなかった人間が、その本体を知って幸福だと思うまでの過程を、みごとに描ききっている。地下のほら穴の奥の壁に向かって、うしろを見られないようにしばられた囚人は、うしろに燃えている炎を背にあやつられる人形の影しか見られない。その影を本物だと思いこむ。しかし、しばられていたなわをとかれ、人形、それをあやつった人、炎を見、やがて真の

ギリシアの神殿（栄光の跡）

光である太陽を知るようになる。それは、かれもいうように、われわれの本性が教育をうけたばあいと、うけないばあいとについての、プラトン一流のたとえである。

そのたとえをさらにすすめれば、現実は大小無数の囚人をつくりだしている、といえよう。それはだれかが希望した結果ではない。囚人はとらわれの身となってようやく過去をふりかえり、真に未来を思う。悪を犯したのであるならば、それをするときの決断がすでに囚人を先取して、なお悪を選んだのであるから、裁くこともできるであろう。しかしプラトンのいう囚人は、裁きようのないそれである。「悪を犯したのではない囚人」である。かれをつくりだしたのは、現実であるか、それともその囚人自身であるか。囚人とは「かこわれびと」であるかぎり、その人か社会かが「かこっている」のでなければならない。その奇妙なメカニズム（機構）は、いったいどうなっているのか。

プラトンのばあいは、それを教育によってのりこえられるとされた。影と真実との区別によって、光への道が通じていた。しかし、現代の囚人は、その正体がわからない。道がない。金、名誉、快楽、交通地獄、原子爆弾、戦争などにとらわれているのだろうか。もしとらわれているとしても、それらを断念すればよい、というのでは策がなさすぎる。そうかといって、徹底的にこだわり、とらわれることが道である、ともいえないであろう。

人は悪を犯し、とらわれの身となったときに、ほんとうの時間と出会う。それはある決定的な内容をもって迫ってくる。たとえば生命の終わりである。その反省は法律がさせたのか、悪の意識がさせたのか。ともあれ、時間と出会うときには、いつも過去か未来かがある。われわれにおいては、悪を犯すことなく時間と出会うことが問題である。囚人となってしまえば、もう時間はあってもなくても同じであろう。

プラトンは晩年、『法律』を書き、自然を哲学的に追求した『ティマイオス』をまとめている。そこでは現実も時間も問題にされた。かれにはいつも「時間」があったのである。それは「ひま」ではない。「未来」があったということである。われわれには、果たして真の「未来」があるのだろうか。

＊ 典拠となった文献　プラトン『テアイテトス』『ポリティコス』『パルメニデス』『ピレボス』『ティマイオス』『第七の手紙』『法律』、アリストテレス『形而上学』

プラトン年譜

西暦	年齢	年譜	背景をなす社会的事件、ならびに参考事項
前四二七年		五月、あるいは夏、アテナイに、純粋のアテナイ人として生まれる。生家は名門、貴族。父の名はアリストン、母はペリクチオネ。ソクラテス四二歳。ペロポネソス戦争ぼっ発後四年、その同盟軍第三次アッティカ侵攻の翌年に当たる ソフィスト・ゴルギアス、シケリア島レオンティノイの使節代表として、初めてアテナイを訪問	ミチレネ市民の処置をめぐる裁判、アテナイで行なわれる プラタイア人、ラケダイモン（スパルタ）に降服 アテナイに第二回目の疫病発生 オリムピア祭
四二六	一歳		アテナイ人、デロス島の清めを行なう アリストファネス『バビロニア人』
四二五	二	クレオンの演説。ツキジデス、クレオンの思想は近視眼的と批判 歴史家ヘロドトス死す	アテナイ船隊、シケリアへ出航

四二四	三	アリストファネス『アカルナイの人びと』上演 ソクラテス、デリオンの戦いに重装兵として参加 ツキジデス追放される エウリピデスの『ヘカベ』？	アテナイ、デリオンで敗北。メガラ郊外戦、アムピポリスの喪失《そうしつ》。シケリア諸市休戦、ゲラで全シケリア会議
四二三	四	ソクラテス四六歳 アリストファネスの『雲』アテナイで上演	スパルタと休戦。スキオネ、アテナイから離反。ポリクレイトス、新ヘラ女神殿の建造を開始
四二二	五	ソクラテス、アムピポリス遠征に従軍？ アリストファネス『蜂』	クレオン、アムピポリス奪回を計り、ブラジダスと会戦、敗北、両将戦死
四二一	六	「ニキアスの平和」 アリストファネス、『平和』をアテナイで上演 エウリピデス『歎願《たんがん》する女たち』	
四二〇	七	アルキビアデス、ニキアスと論争	アテナイ、マンティネア・エリス・アルゴスと同盟締結 オリムピア祭（ラケダイモン人のみ参加できず）

前四二〇年	七歳		エレウシスの浮彫彫刻？
四一九	八	アルキビアデス、ペロポネソス内陸に進軍	アテナイ、農奴をピュロスに送る
四一八	九	ラケス殺される エウリピデス『イオン』？	マンティネアの戦い
四一七	一〇		アルゴスに貴族政治、しかし民衆派、貴族派を追放
四一六	一一	プロタゴラスの裁判。アガトン、アテナイの悲劇競演に優勝	アテナイ船隊、メロス島に侵攻 「メロス島対話」
四一五	一二	ソクラテス五四歳	アルキビアデス、ヘルマイ凌辱《りょうじょく》罪に問われ失脚
四一四	一三	アリストファネス『鳥』	
四一三	一四	ニキアス・デモステネス死す エウリピデス『エレクトラ』	アテナイ、シュラクサイ海戦で壊滅
四一一	一六	ポレマルコスとリシス、ツーリオイから帰還	アテナイに親スパルタ派の「四〇〇人革命」 民主政府崩壊、寡頭政府成立
四〇九〜四〇四	一八〜二三	プラトン軍務に服す？騎兵として活躍？アリストテレス	シケリア、カルタゴに侵入

		の『形而上学』によれば、哲学の勉強を開始したことになる	アクロポリスのエレクテイオン神殿完成
四〇八	一九	ディオン生まれる ヘルモクラテス、シケリアへ エウリピデス、『オレステス』上演	
四〇七	二〇	二〇歳ごろのソクラテスとめぐりあう(推定)。以後八年間弟子となる	アルキビアデス、アテナイに帰還 ヘルモクラテス、シュラクサイの市街戦で殺される
四〇六	二一	エウリピデス・ソフォクレス死す	アルギヌサイの戦い
四〇五	二二		アエゴスポタモイの戦い。ディオニュシオス一世、シュラクサイの僭主となる アリストファネス、『蛙』上演
四〇四	二三	サラミス人のレオン逮捕事件は、プラトンの心に暗影と異常な憤りを残す	アテナイ、スパルタに降服。リュサンドロスに開城。ペロポネソス戦争の終結。トラシュブロス民主派革命によるクリチアスの「三〇人政府」の成立

前四〇三年	二四歳	クリチアス・カルミデス死す	「三〇人政府」の崩壊。アテナイに民主政治復活
四〇一	二六		キロスの遠征とクナクサの戦い。歴史家クセノフォン、クナクサ退却を指揮 ソフォクレスの『コロノスのオイディプス王』
三九九	二八	ソクラテス、アテナイの統治者ラケスのとき死刑。プラトン遍歴を開始。メガラ旅行にたつ	
三九七	三〇	ソクラテス的対話篇の執筆を開始?	
三九六	三一	エジプト旅行?キュレネのテオドロスと会う?その遍歴のコース不明	ディオニュシオス一世、カルタゴに宣戦布告
三九五〜三八七	三二〜四〇	ポリクラテス、ソクラテス反論の小冊子を書く?	コリントス戦争。アテナイ長城壁を完成
三九四	三三	コリントスへ出兵?	
三八七	四〇	第一回シケリア旅行。南イタリアも訪問?帰国後、アテナイ郊外にアカデメイアを創立、以後そこを住居とす	コリントス戦争、「王の平和」によって終結
三八六	四一		ペルシアとスパルタとの講和。スパルタと連合国との講和、いわゆる「大王の和約」

三八五	四二	『饗宴』執筆? アリストテレス、ギリシアの北方、スタゲイロスに生まれる	
三八四	四三	『パイドン』執筆	
三八三	四四	『ポリテイア』第一巻を書く	
三八〇	四七		演説家イソクラテス『パネギリコス』を書き、ギリシア統一を主張
三七八	四九		第二アテナイ同盟成立
三七五	五二	『パイドロス』を書く	
三七三	五四		大津波と地震、アカイア海岸を襲う
三七二	五五		テッサリアにイアソンによる僭主制樹立
三七一	五六		スパルタとアテナイの間に「カリアスの平和」
三六九	五八	『テアイテトス』の主人公テアイテトス、スパルタ戦線、エパミノンダスの敗戦で負傷死、あるいは戦病死	
三六七	六〇	ディオンに招かれ、第二回シケリア旅行 『テアイテトス』執筆? アリストテレス、アカデメイアに入学	ディオニュシオス一世死す

前三六六年	六二歳	シケリア旅行より帰国。『パルメニデス』を書く	シュラクサイとカルタゴの戦い始まる。マンテネアの戦い。エパミノンダス殺される
三六二	六五		
三六一～三六〇	六六～六七	第三回シケリア旅行。ディオニュシオス二世の願いによる。スペウシッポス（プラトンの死後、アカデメイアの学頭になった人）を伴う	
三六〇	六七	第三回シケリア旅行から帰国、アカデメイアにおちつく	
三五八	六九	『ソフィステス』を書く	
三五七	七〇	『ポリティコス』を書く	ディオン、シュラクサイを占領、僭主の座を獲得
三五六	七一		アレクサンドロス大王、ペラに誕生
三五五	七二	『ティマイオス』を書く	エウドクソス死す
三五四	七三		デモステネスの最初の現存する演説
三五三	七四		ディオン、カリッポスに暗殺される
三五二	七五	『第七の手紙』を書く	
三五一	七六	『第八の手紙』を書く？	デモステネス、フィリッポス罵倒《ばとう》演説
三四七	八〇	プラトン死す。その実相不明。一説によれば、書きながら死んだといわれる スペウシッポス、アカデメイアの学頭となる	

参考文献

プラトン全集（古典叢書　全五巻）
ジョン＝バーネット編　オクスフォード　第一・二・五巻　一九五〇年、第三・四巻　一九五二年
著名な哲学者の生涯と学説について（ロエブ古典叢書）
ディオゲネス＝ラエルティオス　第三巻
プラトンの国家（全二巻）
J・アダム　ケンブリッジ大学出版　第二版一九六三年
プラトン（全三巻）
P・フリトレンダー　ベルリン　第一・二巻　一九六四年、第三巻一九六〇年
プラトン（人と著作）
A・E・テイラー　ミシュン　ロンドン　一九五二年
プラトンの弁証法の方法
J・シュテンツェル　D・J・アラン英訳
ニューヨーク　ラッセル社　一九六四年
プラトンのイデア論
D・ロス　オクスフォード　一九五一年
哲学史（ギリシア時代）　E・ブレーエ
J・トーマス英訳　シカゴ大学出版　一九六三年
プラトン思想の展開
J・E・レイブン　ケンブリッジ大学出版　一九六五年
プラトン辞典
M・ストックハマー編　ビィジョン社　一九六三年
プラトンの第七の手紙
L・エデルシュタイン　ブリル　一九六六年
プラトン全集（全一二巻）
岡田正三訳　全国書房　昭21・10、27・11
プラトン国家（世界大思想全集　哲学・文芸思想篇1）
山本光雄訳　河出書房　昭30・6
テアイテトス
プラトン　田中美知太郎訳　岩波書店　昭22・9

ゴルギアース　プラトン　鹿野治助訳　弘文堂　昭29・12
フィレーボス
プラトン　後藤孝弟訳　岩波書店　昭17・6
パルメニデース
プラトン　長沢信壽訳　弘文堂書房　昭19・5
プラトン書簡集　山本光雄訳　近藤書店　昭19・6
プラトンの自叙伝（アテネ文庫83）
高田三郎訳　弘文堂　昭24・10
法　律（第一・二巻）
プラトン　山本光雄訳　近藤書店　昭21・10
形而上学（全二冊）（岩波文庫）
アリストテレス　出　隆訳　岩波書店
上巻昭24・2　下巻　昭36・2
戦　史　中（岩波文庫）
トゥーキュディデース　久保正彰訳　岩波書店　昭41・4
プルターク英雄伝（十一）（岩波文庫）
河野与一訳　岩波書店　昭38・11

世界の人間像24（古代哲学者の群像＝プラトン他）
ラエルチオス著　山本光雄訳　角川書店　昭41・7
思　想（哲学入門1　プラトン・デカルト）
アラン　吉田秀和訳　アルス　昭24・10
プラトン哲学（岩波文庫）
バーネット　出　隆・宮崎幸三訳　岩波書店　昭27・7
プラトン　ジャン＝ブラン　戸塚七郎訳　白水社　昭40・3
プラトン　長沢信壽　弘文堂書房　昭22・10
プラトン（思想学説全書）山本光雄　勁草書房　昭38・5
プラトン哲学序説
副島民雄　日本学術振興会　昭30・11
ギリシアの哲学Ⅱ・Ⅲ（プラトンの哲学Ⅰ・Ⅱ）
山内得立　弘文堂　昭35・5
ロゴスとイデア　田中美知太郎　岩波書店　昭22・9
哲学年表　速水敬二編　岩波書店　昭24・9

さくいん

〔書名〕

〔人名〕

〔事項名〕

―完―

プラトン■人と思想《しそう》5　　定価はカバーに表示

1967年4月5日　第1刷発行©
2014年9月10日　新装版第1刷発行©
2017年5月30日　新装版第2刷発行

・著　者　……………………………中野《なかの》　幸次《こうじ》
・発行者　……………………………渡部　哲治
・印刷所　……………………………図書印刷株式会社
・発行所　……………………………株式会社　清水書院

〒102-0072　東京都千代田区飯田橋3-11-6
Tel・03(5213)7151～7
振替口座・00130-3-5283
http://www.shimizushoin.co.jp

検印省略
落丁本・乱丁本はおとりかえします。

CenturyBooks

Printed in Japan
ISBN978-4-389-42005-5

CenturyBooks

清水書院の〝センチュリーブックス〟発刊のことば

近年の科学技術の発達は、まことに目覚ましいものがあります。月世界への旅行も、近い将来のこととして、夢ではなくなりました。しかし、一方、人間性は疎外され、文化も、商品化されようとしていることも、否定できません。

いま、人間性の回復をはかり、先人の遺した偉大な文化を継承して、高貴な精神の城を守り、明日への創造に資することは、今世紀に生きる私たちの、重大な責務であると信じます。

私たちがここに、「センチュリーブックス」を刊行いたしますのは、人間形成期にある学生・生徒の諸君、職場にある若い世代に精神の糧を提供し、この責任の一端を果たしたいためであります。

ここに読者諸氏の豊かな人間性を讃えつつご愛読を願います。

一九六七年

SHIMIZU SHOIN